奇跡の居酒屋たいこ茶屋

「おさかな本舗 たいこ茶屋」店主
嵯峨 完……さが・みつる

危機を乗り切る「家族力」

はじめに

「ガッツ！」「よっしゃ！」「今日も元気に頑張っていきましょう！」「ガッツ！」

2000人近いひとと拳を合わせてエールを交わします。東京・浅草橋駅東口、毎週水曜日の私の朝活です。

午前7時すぎ、ハッピを着て今日も自転車を漕ぎだします。7時半から約2時間、通勤でごった返す駅前の雑踏で行き交う人々にエールを送るために。

「ガッツ！」を届けて23年。いつしか「ガッツおじさん」と呼ばれるようになっていました。

朝活が終わると、軽ワゴンで豊洲市場へ向かいます。50年通った築地から豊洲に移転して、ようやく豊洲にも慣れてきたところです。さっそく仲卸業者さんに頼んでおいたマグロを出してもらいます。箱を空けてまず見るのはマグロの顔。いい顔つきです。マグロは顔が命。おっとりした顔のマグロがいいのです。餌が豊富な海域で育ったマグロは脂が乗って美味しいのです。餌が豊富だから顔も自然とおっとりした顔つきになります。坊ちゃん育ちでどこか上品なかんじです。目利きのポイントは「顔」なのです。

私が市場に着くのはいつも朝9時半前後です。「なぜそんなに遅い時間に市場に行くのか」とよく尋ねられます。理由はひとつ。掘り出し物を見つけるためです。スーパーなどでも閉店間際は安売りがありますよね。市場でも同じなのです。少しでもいいものを安く仕入れるための努力は惜しみません。たくさんのお客様がそれを求めていらっしゃるからです。

私は料理人、この道53年。浅草橋にお店を構えて独立してから37年になりました。「おさかな本舗　たいこ茶屋」が私のお城です。

ランチ営業では、お刺身食べ放題ランチブッフェが人気になり、連日整理券を配っての3回転制です。ディナー営業ではたいこ茶屋名物、「マグロの解体ショー」と「じゃんけん大会」を2本柱とするエンターテインメント海鮮居酒屋となります。

そしてこのエンターテインメント舞台を演出する役者の中心は我が家族。たいこ茶屋は家族みんなが力を合わせて作り上げる舞台。そしてお客様はその舞台の観客であると思っております。ですから美味しい料理を提供するだけでなく、いかにお客様に楽しんでいただくかといつも考えております。

昭和23（1948）年に宮城県仙台市で生まれ育った私は、高校時代には全国大会を目指す宮城県工業高校（宮城工）サッカー部の主将まで務めるほどのサッカー小僧でした。サッカー部を引退し、サッカー一途だった私の次の目標は「一流の料理人になって一国一城の主になる」ことでした。高度成長期の当時、都会では高級ホテルがどんどん建設され、ホテルの高級日本料理店の料理人は花形職業でした。そんな華々しい舞台に憧れて料理人の世界に飛び込んだ私に待っていたのは数々の苦難の道程でした。

働き盛りの修業中の思いもかけぬ病気療養、ホテル調理長時代の人材難、独立開業資金集め、バブル崩壊と5億の負債、詐欺事件、震災自粛で開店休業状態などの大きな節目のピンチはいつも奇跡とも思える誰かの助けによって乗り越えることができました。

料理人を目指し、仙台から上京して料理人修業をスタートさせてから早いもので53年が経ちました。決してひとりでは歩んでこられなかったこの長い道のりの中で私ができること、それは「社会への恩返し」です。

「人のため自分ができることをすること。それは巡り巡って自分に戻ってくる」

そう思って生きてきた私は、どうも先により多くのものをいただいたようです。ですから私は、自分がいただいた以上に、人のためになることをしていきたいと思っています。朝活の「ガッツ！」や被災地でのマグロの解体ショーはそういった社会への恩返しと思っています。

そして、この人生をともに歩んでくれる家族がいることで、私はとても幸せな毎日を過ごせています。当たり前を当たり前と思わずにきちんと感謝できる日々は、決して平坦な日々だけでは得られなかったものだと思います。辛く厳しい時期を一緒に乗り越えていくことで、家族も一枚岩になっていきました。今の「たいこ茶屋」は、そうして出来上がった、私たち家族の、家族力《かぞくりょく》で一歩一歩前進しているのです。

この本は、これまで支えていただいた多くの方への心よりの感謝と、ともに歩んでくれる家族一人一人への感謝、そして次の世代の子どもたちの幸せを願う人生のメッセージとして書かせていただきました。

私たち家族が一生懸命に生きているその生き様を通して、ひとりでも多くの方に「ガッツ！」が届けられたら、こんなに嬉しいことはありません。

「今日も元気に頑張っていきましょう！　ガッツ！」

奇跡の居酒屋　たいこ茶屋　目次

第1章

奇跡の劇場居酒屋

祝祭空間を演出

1　行列ができるランチブッフェは3回転

(1) 整理券でご入場

▼整理券配りから始まる1日

平日の午前10時、さほど人通りのないビジネス街の街角に、どこからともなく人が集まってきます。人々はそこでなにかをもらって、また立ち去っていきます。人々が手にしたのは整理券。なぜ整理券が必要なのでしょう。

これからお話しする私の店「たいこ茶屋」は、おかげさまでお昼も大繁盛。のちほど詳しく述べますが、行列どころか、店に入れないお客様もいらしたため、入場時間を指定させていただき、整理券の順番で入場していただくことにしているからです。

お昼の入場時間10分前には、お店の前に整理券を持った方々の行列ができます。土日ともなると遠方からやってきてくださる人々も加わり、さらにごったがえします。

これが「たいこ茶屋」の1日の始まりです。

あらためて自己紹介させてください。

私が営む「おさかな本舗　たいこ茶屋」は、総武快速線馬喰町駅からは徒歩1分、総武線浅草橋駅からは徒歩3分、東京都中央区にある海鮮自慢の居酒屋です。

▼整理券配り係の杉山さん

毎朝、整理券を配り、入店案内を担当しているスタッフのひとりが杉山泰久さん、実は私の友人です。ある時、整理券配りの人員がどうしても足りなくて、友人の杉山さんに手伝ってもらえないかお願いしたところ、二つ返事で手伝ってくれることになり、それ以来ずっと「整理券のおじさん」をやってくれています。

実は杉山さん、いくつもの会社の顧問を頼まれているエリートビジネスマンの顔を持っているのです。まったくそんなふうに見えないので、お店ではスタッフからも常連さんからも「愛されキャラ」として人気があります。

整理券配りが終わると、「まかない」を食べてから本業の仕事に向かいます。「まかない」といっても、お店のランチブッフェがそれなので、海鮮を多く食べるようになり、数キロ痩せたと杉山さんは喜んでいます。

このようなユニークなスタッフに「たいこ茶屋」は支えられています。

▼午前10時50分、最初の行列ができ始める

整理券の指定入店時刻は11時、12時10分、12時50分の3回です。整理券を受け取る際に、どの回かを選択して受け取っていただきます。各回100枚限定配布ですが、11時の回から先になくなっていきます。10時50分頃になると、整理券を持ったお客様が徐々にお店の前に集まってきます。

杉山さんほかの係が案内して、お店の前に並んでいただきます。

だいたい行列になるのは30~40名様くらいで、半数以上の方がよくご存知で、ちょうどよいタイミングでいらっしゃいます。

11時10分ころには、店内はほぼ満席となります。ランチ営業の1回転目が11~12時とい

うのは、早い方だと思います。

ランチブッフェは「50分食べ放題」となっていて、入り口で会計をしていただくと、そこから50分です。

▼入店風景

11時の最初の行列は、10分ほどを待ち遠しく並ばれます。やがて係が10名様くらいをひとまとまりにして、お店入り口へ案内いたします。お店はビルの地下1階にあるので、専用階段でお店に降りていただきます。階段にも10人くらい並べるので、階段も使いながらのご入店となります。ようやく階段の下までやってくると、お店の入り口が目の前に。「もうすぐ食べられる！」期待感が高まっているはずです。

(2) お刺身食べ放題

▼受付《ランチブッフェ1500円　会計後50分》

いよいよ番がめぐってきました。入り口右手に会計カウンターがあり、整理券と交換で、

1500円（税込）をお支払いいただきます。レシートに時刻が印字されていて、そこから50分です。さあ、待ちに待ったお刺身食べ放題がスタートです。

▼お店の中央にはお刺身の山々

店内を眺めると目に飛び込んでくるのは美味しそうなお刺身の山々。ああ、早く食べたい。一旦、席についてすぐに、ブッフェ台へ向かいます。もうたくさんの方が、あれにしようかこれにしようか迷いながら楽しそうに自分のお皿に盛り付けています。毎日変わる「今日の料理」をひととおり確認して、自分の最初に食べたいものを選んでから盛り付けます。何をどれだけ取ろうが自由ですから、自然と笑みがこぼれます。

▼お刺身だけではない充実度――惣菜からデザートまで色とりどりの楽しさ

ランチブッフェの食材は、豊洲での仕入れによって日替わりです。良い食材を使って喜んでいただきたいので、仕入れには特に力を入れています。

基本的なランチブッフェメニューをご紹介しましょう。

・お刺身日替わり
（まぐろ、ぶり、サーモン、カツオなど）
※その日の仕入れに合わせてお出ししています。
・海鮮類日替わり
（小エビ、くらげ、明太いか、明太子など日替わり）
・サラダ5種類
（ミックスサラダ、もやし、オニオンスライス、ブロッコリー、マカロニサラダ ※胡麻だれ
中華ドレッシング）
・日替わりおかず2種類（焼物、煮物など）
・白米と酢飯
・日替わりお味噌汁
・たまご
・まぐろ丼用たれ
・フルーツポンチ

ランチブッフェの様子

▼オリジナル海鮮丼

特に女性に人気なのが海鮮丼です。といっても「海鮮丼」がおいてあるわけではありません。酢飯も用意しているので、皆様自分の好きな食材を選んで思い思いの海鮮丼を作っていらっしゃいます。なかにはプロ顔負けの盛り付け上手な人もいて、見ていてこちらも楽しくなります。きっとＳＮＳの時代というのもあるのでしょうね。皆さん必ずといっていいほど写真を撮られていますから。

ほとんどの方が、最初に自分好みのワンプレートを召し上がったあと、海鮮丼となります。かなりお腹も満たされてきますので、海鮮丼のあとはそろそろデザートです。お腹は満たされた、でもまだ食べたいものがある、それがリピートしていただけるポイントのひとつかもしれません。春休みや夏休みのような学生の休みの時期は平日ランチの学生比率が高くなります。１５００円でお刺身食べ放題は若者にとってとても魅力的のようです。

▼週末はお酒とともに

ランチブッフェでは、別料金でお酒も提供しています。週末となると、お酒比率が高まります。ビールや日本酒を飲みながら、刺し身をつまみで食べる〝昼飲み〟スタイルのご利用がとても多いのも週末の特徴です。酒の肴にお刺身食べ放題は、私が利用するとしても嬉しくなるでしょう。

また、家族でのご利用も週末は多くなります。半個室もあるので、小さいお子様がいらしても安心です。

(3) 行列3回転

▼12時、2回転目の行列

12時10分の回、ランチタイムのピークの時間の始まりです。この回は、近隣で働いている方が多くなります。誰かが代表で整理券を受け取り、職場の同僚と来店というケースが多いようです。11時の最初の回と違い、時間前でも席が空いていれば順次ご案内しているので、お店前の整列からの入店時間は幾分早くなります。

▼3回転だが、完全入れ替えではない

整理券での入場が11時、12時10分、12時50分なので、たまに気づいた人から聞かれるこ

とがあります。「50分制なのに2回目は間隔40分なのですか」という質問です。映画のように完全入れ替え制であれば、そういうことになってしまいますが、2回目の12時10分のスタートは、「空いている席からご案内」にしているので、12時にスタートの人がかなりいらっしゃるのです。そうすると、12時50分の段階でほぼご案内できてしまうのです。これも経験値からの時間設定なのですが、12時10分の回の方は、近隣職場の方も多く、お昼休みが13時までという方が少なくありません。自然と12時50分の前には席を立たれる方が多いのです。必然的に、3回目の12時50分の方も、10分前にいらした時点でご案内できることも多いのです。

▼時間前におなかいっぱいに——ランチの滞在時間

「制限時間50分」というと、「もう少し長いといいな」と思う方もいらっしゃるかもしれません。ところが、ほとんどの方が50分もたたないうちに席を立たれます。これは実際に、体験していただくのが一番早いのですが、好きなものを好きなだけ食べられるブッフェは、お腹が満たされるのもあっという間なのです。

最初にサラダとお刺身など、好きなものを盛り付けていただく一皿目、次に、盛り付けきれなかったものを取りに行く二皿目、だいたいここまではみなさん、食べることに夢中です。二皿目を食べ終わる頃に、次は海鮮丼にしようか、何を食べようかと余裕が出てきます。この時点で、おそらくまだ15分から20分そこらなのです。30分から40分でデザート、お茶までたどり着いている方がほとんどのようです。

50分という時間は、料理提供待ち時間がないランチブッフェでは十分な時間なのでしょう。

▼予約もできます――バスツアーのランチにも

整理券がなくても食べられるのが予約制です。11時30分か12時40分のスタートで、3名以上前日までに予約が必要です（3名未満の場合は相席の場合あり）。料金は1700円。バスツアーのランチのご利用もこの予約制があればこそ、です。整理券で並んでいただいている方がいらっしゃるので、料金はプラス200円となっておりますが、整理券を受け取る必要がないので重宝されております。

▼整理券にして、双方よし

ランチブッフェをスタートした当初は、整理券での3回転制ではなかったので、長い長い行列がビルをぐるっと取り囲み、お客様は長時間待つということが日常でした。長時間待つことのできる方しかご利用いただけず、長い行列は近隣の迷惑にもなってしまう。現在の整理券利用での3回転制にしたことにより、行列も一時的な行列に限定され、待ち時間もわずかになりました。時間のない近隣の職場の方もご利用いただけるようになり、1日のランチご利用の総数も増える結果になりました。

また、整理券の配布状況によって、調理場の食材準備も効率よくできるので、お刺身を常に新鮮な状態で提供することにも役立っています。100席規模の大箱だからできるお刺身ランチブッフェなのです。

2　劇場居酒屋

(1)マグロ解体ショー

▼夜の19時、ショーは始まる——ステージと観客

たいこ茶屋の夜の営業は17時からです。予約のほとんどは18時から19時にはスタートします。というのも、皆様お目当ての「マグロの解体ショー」が19時スタートだからです。ですから19時前には宴会がスタートして、19時からのショーで最初の盛り上がりがみられるのです。金曜日ともなると（金曜日でなくても満席率は高いのですが）、19時には満席ですでに熱気にあふれています（10月より水～土曜日実施）。

まぐろの調理場は客席から1段高くなっており、まるでステージのように客席全体から

見えます（半個室からは見えません）。その「ステージ」で解体ショーを行ないます。

太鼓が鳴り響き、解体ショーの幕開けとなります。ワイヤレスヘッドマイクを装着し、客席を見渡すと、まさにここが劇場で、自分は視線を浴びる演者となります。

一言でマグロの解体ショーといっても、マグロの解体は熟練の技術と体力が必要な作業です。それを、盛り上げながらショーとして魅せるというのは、調理場での仕込みのマグロ解体とはまったく別次元の世界でした。最初は解体に集中してしまい、言葉が出てこないことも多々ありました。そうすると見ている方は飽きてしまうのです。だんだん、酒で盛り上がり会話が大きくなって注目が薄れていく、そんな危機を乗り越えながら、話術を磨いていきました。

▼「演者」として飽きさせないトーク

マグロの解体を身体に覚えさせ、無意識でも解体ができるようになってようやく言葉が出てくるようになります。そこからが勝負でした。言葉が出てきても、盛り上がらないとお客様に飽きられてしまいます。いかに盛り上げて、飽きさせないトークができるか。試行錯誤しながらの日々が続きました。漫才のような面白いことを話せる性格ではないので、毎日が勝負でした。

▼盛り上がりの秘密――全員参加型のオークション

マグロの解体ショーだけでは、見て終わりなのです。これでは1度みたら2度目はいいやとなってしまいます。マグロの解体ショーの盛り上がりは実はここからなのです。

そこで考え出したのが、全員参加型オークション。マグロのカマなど稀少部位を競り落としていきます。

スタートは500円。まあ、500円の競り落としはまだないですが、毎回落札価格は違います。500円からですから、1000円、1500円、2000円あたりは誰でも気軽に参加できる（むしろお得すぎる価格で落札は難しいが参加はできる）ところです。

実際にはそこからさらにアップしていきますが、なかなか競りを体験する機会はないので、皆さん楽しんでいただいております。競り落とした席はもちろん盛り上がりますし、最後の方まで競り合った席もまた盛り上がります。その競り合いを、固唾をのんで見守る観客席。次は大勢で来て競り落としたいと思う人、今日はお得な落札価格だったなと思う常連さん。いろいろな思いが交錯しながら盛り上がっていきます。

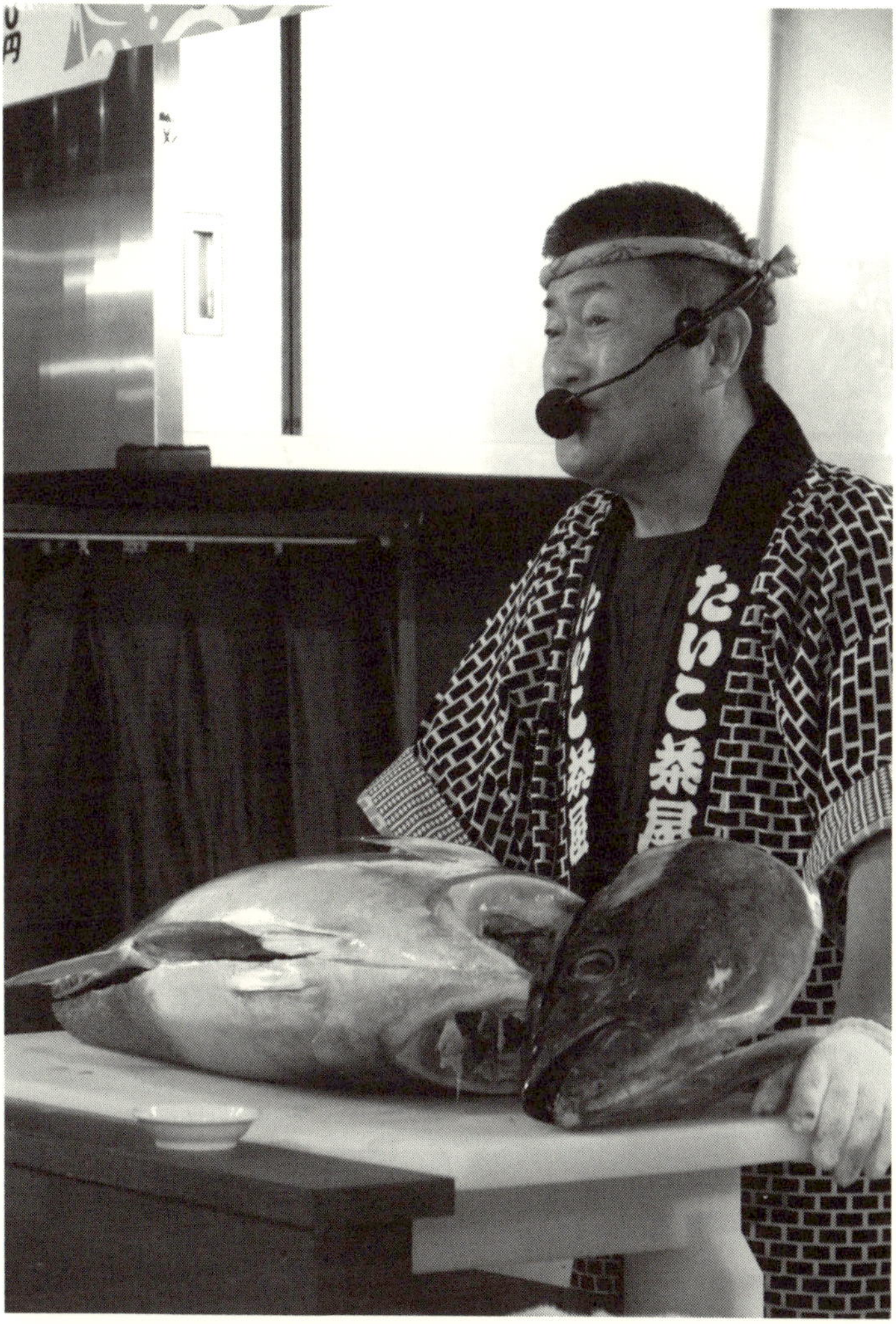

マグロ解体ショーでのトーク

ここでお客様が気づかれるのは、自分たちのほかにどんな人が今この場にいるのかということです。あそこは会社の宴会だとか、あそこは友人ファミリーでの参加だとか、そこに集う人々の人間模様を感じられる瞬間でもあります。それまで、同席している人との世界だったのが、お店全体に共有空間が広がった瞬間でもあるのです。

▼稀少部位のとりあい――売れないものも価値となる

マグロの稀少部位、それはメニュー化するには難しいものです。例えば背骨の髄の部分は1尾からほんのわずかしか取れませんし、鮮度が大切ですので、メニュー化はできません。でも、とても美味しく美容にもいい人気部位なのです。オークションではなく、希望者への提供となりますが、早いもの勝ちで取り合いとなる部位です。

▼客席の一体感が感じられる空間

オークションが終わり稀少部位などの注文受付も終わると、マグロの解体ショーも終演となります。

この頃には、不思議とお店の雰囲気が変わっているのです。なにかこう、一体感のような、やさしい、やわらかい雰囲気が、お店を包み込んでいるのが感じられるのです。

(2)じゃんけん大会

▼毎日20時、舞台は後半へ

競り落としたり、早いもの勝ちで注文したマグロがテーブルに運ばれてくると、わあっと歓声が上がります。それを横目で眺めながら、次回こそと思いながら飲んだりするグループがあったり……。そうこうするうちに、時間は20時、「じゃんけん大会」のスタートです。

舞台には、小さな太鼓があり、この太鼓を叩いて注目を集めます。待ってましたとばかりに視線が集まります。

▼豪華な賞品

以下はある日の賞品です。

1位　仙台牛霜降り肉2枚

2位　黒マグロカマ焼き
3位　ガッツ酒（300ml）＋おつまみ（まぐろの中落ちなど）セット
4位　たいこ茶屋オリジナル「ポロシャツ・Tシャツ」
5位　たいこ茶屋オリジナル「ガッツカレー」
6位　たいこ茶屋オリジナル「ガッツラーメン」

全員が無料で参加できるじゃんけん大会は、マグロの解体ショーと並ぶたいこ茶屋名物です。2011年以降は被災地支援にもなる「仙台牛ステーキ」も賞品にしています。賞品の「ガッツカレー」や「ガッツラーメン」は自社開発したもので、店頭やウェブ販売もしているのでじゃんけん大会賞品がきっかけでリピートしてくださる方も結構いらっしゃいます。

毎日のことなので、継続できて、もらって嬉しい賞品にしています。

▼じゃんけん大会発祥かも

じゃんけん大会は平成8（1996）年からやっています。それ以前は、じゃんけんで

全員が無料で参加できるじゃんけん大会

はなく、くじ引きでした。お客様全員に番号くじをお配りして、抽選箱から、番号札を取り出して、同じ番号の方が当選というスタイルです。

リニューアルオープンをきっかけにじゃんけん大会にしました。始めた当時は、「司会者対参加者全員」のようなじゃんけん大会は聞いたことがありませんでしたので、密かにじゃんけん大会発祥かなと思っています。きっかけは、妻のじゃんけん大会、面白いんじゃないかなという一言でした。

▼アップテンポとクライマックス

このじゃんけん大会も、マグロの解体ショー同様、いかにして盛り上げるかがとても大切です。

じゃんけん大会盛り上げのポイントは、途中で負けた人をいかにして飽きさせないかなのです。負けてから、勝者が決まって次の回になるまで、あまり時間が長くてもいけません。テンポよく盛り上げることが大切です。最初の2～3回戦は、「勝ち」か「あいこ」で次に進めますが、途中から「勝ち」だけにします。これでいっきに勝ち残り人数が減るので、間延びしません。

さらに、敗者を飽きさせない秘訣は、敗者復活です。最後の数人、普通なら、数人でのじゃんけんにしてしまうところですが、最後までやります。そして、誰も勝てなかったら、敗者復活です。

負けた人ももう1回できるのです。最初からやり直しです。この敗者復活では、すでにじゃんけんに勝って賞品をもらった人も参加できます（通常は賞品をもらった人は次の回から見学）。これがあるので、負けた人も勝負の行方を見守っています。

敗者復活が一番盛り上がるのも面白いところです。

（3）舞台装置の一体感

▼毎日がショータイム――1回転の満足度

じゃんけん大会が終わる頃には20時半も回っています。18時半スタートの宴会はちょうど2時間を過ぎる頃です。宴会がスタートして、マグロの解体ショーで最初の盛り上げを作り、じゃんけん大会でクライマックスにもっていく、まさにショータイムなのです。

マグロの解体ショーのオークションで一体感を感じ、さらにじゃんけん大会に参加し、勝って喜び負けて悔しがり、感情を共有することにより、そこに集う人々に、一種の親近感が芽生えるのです。

この2段構えができるのは「たいこ茶屋」だけ、とひそかに自負しています。

▼お客様同士の交流——空間共有

コンサートに行ったり、応援するチームのプロ野球の試合を観に行ったことのある人は、知らない隣の観客と仲良くなった経験があるでしょう。まさにその感覚かもしれません。舞台の隣り合う席で自然と仲良くなって一緒に飲んでいるグループが少なくありません。舞台の演者を鑑賞するだけではなく、自分も参加して応援もするスポーツの観客のような感覚をシェアできる独特な空間が出現しているのです。

ここにも「たいこ茶屋」がリピーターを呼ぶ秘密があると思っています。

ただ、飲み食いするだけではない場所、参加する感覚のあるスポーツ観戦やコンサートのように、ちょっとした非日常的なワクワク感がある居酒屋、もっといえば「たいこ茶屋」での宴席は、単なる宴席の場ではなく、エンターテインメントを楽しむ「劇場」であり、そこに集う人々を非日常の世界へと誘うのです。

「宴」の本来の意味を考えた場合、そこに舞台があり、演者がいて、皆がその劇場空間を共有しながら過ごすというのは、人々の求めるごく自然な「宴」なのかもしれません。口幅ったいですが、「たいこ茶屋」はそんなふうな場所になっていると思っています。

第2章

時流に乗る

独立開業から多店舗展開へ

(1)7年間の板前修業

ここで、私がどのようにしてこの世界に入り、「たいこ茶屋」を経営するにいたったのか、述べてみたいと思います。

私は、7人兄弟の末っ子として宮城県の仙台市に生まれました。

2歳のときに、機関士をしていた父が亡くなりました。母は、上は高校2年生の長兄から2歳の私までの7人の子を抱え、鉄道の機関区にあった食堂に働きに出ました。私はよくその食堂に連れていかれ、遊んでいました。現在の職業についたのは、その影響があったのだと思います。

▼団結の強い兄弟

長男の徹は父親のような存在で高校（宮城県工業高校）を出てすぐに河北新報社の印刷局に勤めて家計を支えました。

高校時代はサッカー部のキャプテンとして活躍、社会人になってからはボクシングを始め、国体にまで出場するほどで、町のヒーローであり、私の誇りでした。

徹は、私が高校生のときに結婚しました。同居の兄嫁の雅子は、とても美人でしたので、高校の定期試験前の我が家での勉強会では、同級生の巻野君や市川君、松澤君らの憧れの存在でした。

徹夫婦の長男の卓は、彫金作家として日本橋三越で個展をひらくまでになっています。

長女の冴子は徹の1つ年下。中学を出てすぐに菓子問屋に勤めて家計を支えました。夫の実とは職場結婚でした。私はよく冴子夫婦の家に遊びに行っていました。

私が独立開業するときには、夫の実は「いつかこの時が来ると思い用意しておいた」と大枚をポンと出してくれました。本当にありがたかったです。

次男の潔は、長女・冴子の1つ年下。高校（宮城県工業高校）を出てすぐに兄・徹と同じ河北新報社に入社。家計を支えました。宮城工時代は、やはりサッカー部で活躍、快速ウイングとして鳴らしました。私が中学でサッカー部に入るとサッカーを教えにコーチとして中学に来てくれ、中学2～3年の時は新人戦、市の大会、県の大会三連覇に導いてくれました。

潔の長女の聡子は、17歳の時に、たいこ茶屋に入社。八千代の我が家に同居しながら仕事を手伝ってくれました。平成5（1993）年の「クール005」開業の折りには、店のママとして実に貢献してくれました。

潔の長男・哲は、平成2年から7年までたいこ茶屋の調理場で働いてくれました。

次女の由美子は日中、母が働きに出ているため、三女典子とともに家事を担当していました。由美子の作るカレーは絶品で、今でも記憶に残っています。

三男の將は宮城工2部（夜間高校）に入学し、昼間は自動車工場で働き、家計を支えてくれました。

私の中学時代、高校時代のサッカーの試合は必ず見に来て応援してくれました。

三女の典子は、私のすぐ上の姉。私とは歳が5歳離れていましたが、よくかわいがってくれました。姉由美子とともに家事を担当してくれました。60歳の時に胃がんで他界。残念でなりません。

こんな訳で、父が早く亡くなったために、兄弟それぞれ協力して家計を助け、団結力は強かったのです。

ちなみに、私の初任給は3000円。しかし、半分の1500円は家に仕送りをしていました。

▼全国を目指した高校サッカー時代

中学、高校とサッカー部に所属し、全国大会出場を目指し、練習に明け暮れていました。高校は宮城県工業高校です。当時、宮城県は仙台育英、宮城工の2強の時代で、毎年どちらかが全国選手権に出場していました。2年生のときには、仙台育英が国体で全国優勝をなしとげ、宮城県は全国レベルにあることが実証されました。

例年のごとく全国選手権の宮城県予選決勝で、宮城工と仙台育英は激突します。私が2年のときも、スコア2 - 2のまま延長線に突入。延長10分を4回戦いましたが勝負がつかず、日没再試合となりました。

次の日再試合、またしてもスコア1 - 1で延長戦に突入。やはり延長10分を4回戦い、勝負がつかず、再び日没再試合。また翌日再試合を行なうという今では考えられないよう

宮城工高校サッカー部では主将を務めた

な、過酷な日程でした（延長10分を4回とは、当時はＰＫ戦がなく、延長10分を前後半、再延長を前後半、計4回度戦ったわけです）。

結局3戦目は、スコア0‐1で敗れ、全国大会出場の夢は潰えました。

3年時も、仙台育英に決勝0‐1で敗れ、結局3年間、3回とも仙台育英に決勝で敗退し、全国大会の夢は果たせませんでした。

▼板前修業へ——まずはアルバイト

高校を卒業して、すぐに上京。板前の修業に入りました。厳しい修業でした。

それに耐えられたのは、高校時代、サッカー部のあの過酷な厳しいサッカー生活を経験した賜物と思います。

高校3年の進路を決める頃、当時読んでいた本の言葉が頭から離れませんでした。

「鶏口となるも牛後となるなかれ」

「史記」蘇秦の言葉で「大きな組織の尻についているよりも、小さくてもいいから頭になりなさい」という意味でした。

母が食堂で働いていたことも影響したのでしょう。

「よし、将来自分の店を持って、一国一城の主になる」

そう決意して料理人の道に進むことにしたのです。

県大会決勝で敗れ、サッカー部を引退した高校3年の秋、卒業までのアルバイトを探しました。当時は人手不足でもなかったので、調理場にアルバイトを入れるお店はなかなかありませんでした。

「調理場でアルバイトさせてください」

「うちは、調理場でアルバイトは採ってないよ。ホールなら募集しているけれど」

何店もそうやって断られました。

▼「仙台かき徳」社長・千葉哲雄さんとの出会い

牡蠣料理店「仙台かき徳」でも当時、調理場にアルバイトは採用していませんでした。いきなり調理場で働きたいとお願いしても、すぐに断られました。がっかりしてお店を出るところでちょうど「仙台かき徳」の社長、千葉哲雄さんとお会いしました。

「君、うちの店に用事かい？」そう聞かれたので、

「はい、アルバイトさせていただきたいとお願いしたのですが、今断られて帰るところで

す」と答えました。

「アルバイトは募集していたはずだが……」

「調理場では雇わないと言われました」

「君はなぜ調理場で働きたいのだい？」

「はい、料理人として一人前になって、将来自分の店を持ちたいと思っています」

「そうか、それなら、うちでやってみなさい」という話になり、特別に採用していただけることになったのです。


あとから聞いた話では、当時、お店の東京進出の計画もあり、若手育成を考えていたところでもあったようです。もし、あの時、千葉社長との出会いがなかったら、今の私はありません。そうやって、採用していただいたのですから、無我夢中で働きました。

ある時、千葉社長から「高校卒業したらどうするつもりだい」と聞かれました。私はできれば東京で修業したいと思っていましたので、「東京で板前修業したいと思っています」と答えました。すると「そうか、なら、知り合いの店を紹介してあげよう」という嬉しい言葉をいただきました。仕事ぶりを認めていただけたようにも感じ、とても誇らしく思いました。

▼東京の友人

こうして高校を卒業すると、「仙台かき徳」の千葉社長から東京・赤坂の高級懐石料理店「あかはね」を紹介してもらい、本格的な板前修業はスタートしました。「あかはね」は観光ホテルの中にある、客単価1万円ほどの高級和食店で、鷹匠が獲ってきた野鳥や鴨も出していました。10人ほどの料理人のいる調理場で、「洗い」「追い回し」が最初の仕事でした。

千葉社長は、上京する際には、一緒に東京まで来てくださり、高田馬場にお住まいだった社長のお姉さん、佐藤美恵子さん（故人）を紹介してくれました。美恵子さんには、私と同い年の息子の晴久君がいました。彼はとても優秀で東京大学に通っていました。私とはまったく別の世界を歩んでいるかんじでしたが、とても気さくで優しい青年でした。遊びに行くと、「完君、一局やろう」「よしきた、やろう」とよく将棋をさしました。さすが東大生、将棋でも勝てるのは10回に1回くらいでしたが、勝負以上に楽しい時間でした。東京で友人もいない心細い私を心配して、一緒に食事をしたり、遊んだり、まるで家族のように温かく迎えてくださりました。休日のよい気分転換になっただけでなく、厳しい修業のなかで、私をおおいに支えてくれる存在でした。今でも本当に感謝しております。

千葉社長には、私の6つほど年下の息子さん、哲史さんがいます。彼が学習院大学に通うようになったとき、ちょうど私が24、5歳の頃でした。時々、一緒に遊ぶこともあり、千葉のマザー牧場に車で出かけたのはいい思い出です。その時、彼が連れてきたのが今の哲史さんの奥様の京子さん。カップルと運転手というなんだか複雑な気持ちですが、そこは年上の余裕と思い、楽しみました。哲史さんは今では、家業を立派に継いで「仙台かき徳」の社長として活躍されています。

こうして、多くの人の温かい情に守られながら、私の東京での生活はスタートしました。

▼本格的な板前修業のスタート

話を修業に戻しましょう。私のように日本料理人になりたいと思ったら、まず板前修業が必要です。つまり「下積み」です。一人前の料理人となるためには、和食料理の五法(生・煮る・焼く・揚げる・蒸す)を現場で学び、ひと通りの日本料理を作れるようにならなければなりません。

板前修業といっても、最初から調理作業を任されることはありません。最初は、「追い回し」という掃除や洗い物などの雑務担当からはじまり、各持ち場で技術を習得しながら一歩一歩昇格し、板場を目指します。「追い回し」のあとは「八寸、盛り付け、焼き場、蒸し場、煮場、板場」と進みます。

料理人は色々なところで修業するのが当たり前の時代でしたので、経験を積みながら転々としていきます。

今では飲食業界でも働き方改革が叫ばれていますが、当時の業界では若い衆は寝るのもままならなかった時代です。店に住み込み、怒声や手が飛び交う中、早朝から深夜まで先輩の技を見ては盗み、体得していきました。料理の技術はもちろんですが、それ以外でも「常に相手の立場に立ってモノを考えろ」ということを叩き込まれました。それは今にも繋がっている信念となっていますので、経験できて本当によかったと思っています。

▼親方グループ

また、日本料理人の世界には、日本の多くの伝統文化がそうであるように、徒弟制度があります。親方がいて、兄弟子・弟弟子がいるのです。ほとんどの日本料理人は、地域の調理師会に所属していますが、その中に、何人もの親方を筆頭としたグループがあるのです。私のように、地方から修業に出てくると、誰も守ってくれませんから、この親方グループにはいることによって守られていくのです。

18歳、最初の職場「あかはね」で、その後の私の料理人人生を大きく左右するご縁をいただきました。職場の先輩、梅原栄一さんに、私の「親方」となる金子正市さんを紹介していただいたのです。

翌年、金子親方の紹介で目黒の住友クラブ（住友グループの高級和食店）へ梅原先輩とともに転籍しました。日本料理人の世界ではこのような親方主導による転籍（お店を変えること）が少なくありません。転籍することによって徐々にステップアップしていくのです。住友クラブは調理場が6、7人の規模でした。最初は追い回しでしたが、2年の間に焼き場・揚げ場を担当するようになりました。

▼最初の試練

21歳のとき、金子親方の紹介で、京橋の割烹料理店「和可奈」に転籍しました。このときの「和可奈」の料理長も兄弟子のひとりでした。ようやく、料理長に次ぐポジション「2番」として入店し、煮方を担当しました。

ここまで、順調に過ごしてきたのですが、2年ほど経ち、23歳のころ、風邪をこじらせて病院で診てもらったら心嚢炎《しんのうえん》と診断されました。「心嚢炎ですね。本当なら入院なのですが、あいにくベッドが空いていないので、自宅療養してください」と言われました。しかし、当時、私が住んでいたのはお店の2階、しかも客室でした。住み込みの修業中の若者の部屋が別途あるのは稀な時代です。当時は、寝坊して遅刻することはないので、仕事には集中できていいやくらいに思っていました。しかし、自宅療養となると話は別です。営業時間に寝ているわけにはいかないのです。しかたなく、日暮里の4畳半1間、共同トイレ、風呂なしというアパートを借りました。家賃は月3千円でした。

当時は大卒初任給が3万ちょっとでしたから、今でいうと家賃2万くらいの部屋でしょうか。3カ月ほどその部屋で療養しました。残念ながら「和可奈」は事実上の退職となりました。知らない街で、何もない部屋にひとり寝込んでいるのですから、それはそれは心細い毎日でした。料理人人生で「最初の苦しい時期」でした。

そんなときに、窮状を聞きつけて、お見舞いに来てくれたのが、佐藤範昭《のりあき》君でした。彼は、宮城工サッカー部の同期、私が主将で彼が副主将、苦楽を共にした仲間です。当時彼は、ソニーに勤めていました。

修業時代。兄弟弟子・磯野善一君「いそ善」開業の手伝い

「嵯峨君、大丈夫か。些少だけれど何かの足しにしてくれ」その彼からお見舞金と言って3万円を渡された時は、ああ、こんなにもしてくれる仲間がいるものかと本当に感謝の気持ちで胸が熱くなりました。佐藤君、あの時、君が来てくれたことが、どれほど心強い支えとなったことか、本当にありがとう。

▼なんというタイミング

ようやく回復した頃、そろそろ仕事もしないといけません。親方に病状報告を兼ねて相談したところ、静養をかねてどうだと言われ、箱根の製薬会社の保養所（台糖ファイザー製薬）で働くことになりました。25人宿泊可能くらいの規模でしたので、調理場は2人。調理長と2人仕事でした。

保養所の調理場は病み上がりの私にはありがたい職場でした。朝食、朝の仕込みが終わると、午後の仕込みまでゆっくりできるので温泉で療養しながら体力を回復させることができました。面白いもので、半年経って、そろそろ体力も戻ってきて、また本格的に働きたいと思い始めたころ、保養所が閉鎖することになりました。なんというタイミングかと驚きましたが、いいきっかけとなりました。

こうしていよいよ本格復帰することになりました。そして親方から紹介されたのが、両国のパールホテルです。

(2)ホテル総料理長から独立へ

▼両国パールホテル料理長就任——入社3年目

昭和47(1972)年、24歳のとき、両国国技館前の「パールホテル両国」に就職しました。副料理長である「脇板(板場の補佐役)」としての入社です。またひとつステップアップすることができ、しかも今度は東京のホテルの調理場です。自然と力が入りました。

するとその翌年に転機が訪れました。料理長が辞め、板場を任されることになったのです。金子親方から「チャンスだからやってみろ!」と言われて、昭和49年、料理長に就任しました。まだ25歳、大抜擢です。20代なかばでホテルの料理長ですから、内心嬉しかったですね。

しかし、喜びもつかの間、大きな試練が待ち構えていました。調理場には辞めた前調理長の「若い衆」がかなりいましたから、半年くらいの間にその「若い衆」は徐々に引き抜かれて移っていきました。調理師会の紹介で何人か入ってきましたが、私のような若造が料理長ですから、「年下の言うことなんか聞けるか」となかなか定着しません。そうこうしているうちに、とうとう料理人は私ひとりになってしまいました。

これは困ったと思いましたが、弱音を吐いている暇はありません。とにかく料理人を集めなければ調理場が回りません。自分の「若い衆」を育てるしかないと思いました。東京に出てきて5年以上経っていましたが、修業の毎日ですから「若い衆」を集めるつてなどありません。気づけば列車に飛び乗っていました。故郷の仙台の高校に求人票を持って駆け回りました。暑い夏のころでした。

しかし、相手は高校生、卒業は春ですし、すぐに仕事を覚えるわけではありません。それまでの1年近くは、調理人は私ひとりでやるしかなく、朝昼晩深夜、ホテルに泊まり込みながら、パートさんや、学生アルバイトと、繁忙期には、親方からヘルプの調理人を回してもらいいなんとか凌ぎました。今となっては良い思い出です。

▼広島東洋カープの初優勝で

思い出といえば、その頃、万年最下位だったプロ野球の広島東洋カープが関東遠征時にはパールホテルを常宿としていたのです。宿泊いただいたときには、古葉竹識監督や山本浩二選手、衣笠祥雄選手らの食事を朝昼晩作っていました。

昭和50（1975）年に悲願の初優勝をした時は、10月15日の後楽園での優勝決定の試合後、ホテルでの祝勝会では盛大なビールかけと胴上げが行なわれ、なんと私も胴上げしてもらいました。人生初の経験でした。これは本当に嬉しかったですね。今でも鮮明に覚えています。

祝勝会では、「鯉の滝登り」の氷細工を披露させていただきました。金子親方が氷細工の名手で私も手ほどきを受けていたのです。事前に彫って氷屋さんの冷凍庫に保管していたのですが、開場搬入のときに、鯉のしっぽが折れていて焦りました。慌てて彫り直してなんとか間に合わせました。

▼総料理長時代の成功体験——船橋の居酒屋大ヒット

数年経った頃、パールホテル両国を運営していた山野株式会社（現・ユアサ・フナショクホテル部門）の系列店のパールプラザ（船橋）の結婚式場、同じく船橋の西武デパート（西武船橋店）に出店していた懐石料理店、そしてパールホテル両国の3店舗の総料理長

その後もおつき合いいただいている
古葉竹識氏とツーショット

に就任しました。

総料理長という立場は、聞こえはいいのですが、現場は各料理長が仕切るので、根っからの料理人の私には少し物足りなく思っていたときに、売上が落ちていた船橋西武の懐石料理店を和食居酒屋「のんべ茶屋」にリニューアルすることになりました。

店舗は商業施設地下2階の80坪の大箱でした。懐石料理から一転、客単価3000円の居酒屋に業態変更するのです。当時、飲食業務を仕切っていた吉田常務（のちに私の仲人になっていただく方）から、この店の店長に指名されました。昭和54（1979）年頃のことです。

店長兼和食部門総料理長として、現場で陣頭に立ちました。「のんべ茶屋」には料理長もいましたから、店を運営する店長の仕事を通して、店舗経営を学ぶことができました。常務は先見の明があり、様々なアイディアを取り入れていきます。なにか話題になるようなものが欲しいと考え、日本酒1合100円（とっくり）のメニューを作りました。当時は1合300円が相場でしたから、これが大ヒット。行列のできる人気店になりました。

当時まだ、大箱居酒屋は珍しかったので、サラリーマン団体客で連日大賑わいでした。あまりの繁盛ぶりに、会社は地下1階にあった系列の60坪の中華店も居酒屋に変えてしまったほどでした。

その後も吉田常務からは店舗経営について多くのことを学ばせていただきました。この経験がなかったら、独立を決心できたかどうかというくらい貴重な学びでした。

▼大箱居酒屋の時代到来の自信——行列のできる店

この船橋の80坪と60坪の居酒屋の大成功は、時代の流れを感じさせるものでした。居酒屋に並んで入るという感覚はそれまでありませんでした。それが、今やこうして、毎日行列ができている。しかも、当時の居酒屋にしては大きなお店です。

それが毎日いっぱいになる。魅力があればいくらでもお客は来てくれる、そう感じていました。

昭和54年頃というと、1970年代の居酒屋チェーンのスタートから80年代の居酒屋ブーム時代への過渡期で、まだ100坪を超えるような大箱居酒屋は皆無の時代でした。

幸いにも私は、船橋の2店舗の成功を通して、この大箱時代到来の予兆を肌で感じることができていたのです。

ですから、独立の話をいただいたときも、成功のイメージしかありませんでした。

（3）開業への高い壁

▼独立開業の誘い

「鶏口となるも牛後となるなかれ」。一国一城の主になると決めて料理人になった私には将来自分の店を持つという夢がありました。昭和57（1982）年の6月のある日、その日はやってきました。現在のお店の話が舞い込んできたのです。

「嵯峨さん、今度新しくできるビルの物件があるのですが、もし独立開業する考えがあれば検討してみませんか」

さすがの私も即答というわけにいかず、

「ありがたいお話です。前向きに検討させてください」

そう答えるのが精一杯でした。しかし、内心、独立開業に心は躍っていました。

▼浅草橋新築ビル地下70坪——簡単でない融資と開業資金

場所は浅草橋。両国の隣の駅なので土地勘はありました。ところがその物件は70坪もある新築ビルの地階です。独立する場合、小さなお店から出発するのが普通です。それがいきなり大箱。しかし、船橋のお店で成功していましたから、出店すれば成功できると確信していました。ただ、大きな店になればそれだけ出店費用もかかるのです。

当時、70坪のお店を作るには賃貸契約の保証金2100万円を含め、6500万円は必要でした。

私は意を決し、知人、友人に「今度独立をしたいので、出資をお願いできないか」とお願いをして回りました。

すると高校同級生の親友の3人、巻野利昭君、松澤豊君、市川清君（故人）は「俺達も手伝う」と率先して声をかけてくれました。本当に心強かったです。

「嵯峨さんなら必ず成功できるでしょう」

そう言って18人もの方が出資を快諾してくださり、自己資金500万円と合わせて2200万円の資金が集まったのです。2200万円を資本金として会社を設立、不足分は銀行からの借り入れで、と考えました。ところが事はそんなに簡単ではなかったのです。

「たいこ茶屋」が入るビル

開業当時、フグをさばく様子

▼まったく足りない！

2200万円の資本金があれば、4500万円の融資はなんとかなるだろうと考えていました。銀行の融資担当の方に面談予約をし、事業計画書を持参し、事業の説明をしました。すると、思ってもいなかった答えが返ってきました。

「嵯峨さん、お話はわかりました。ところで融資にあたり、ご提供いただける担保はございますか？　飲食業の経験があるのはわかりましたが、経営者としてはこれが初めての事業ですよね。未経験の方に、担保なしに融資するのは難しいのです」

そう言って、あっさりと断られてしまいました。

「こんなはずではなかった。これは困った」と目の前が真っ暗になり、呆然としました。もう18人の方から出資もしていただいています。諦めるわけにはいきません。自分を奮い立たせては粘り強く交渉を繰り返していきました。しかし、銀行の融資はそう簡単ではありませんでした。

▼奇跡的な助け舟

「これは担保なしではさすがに難しそうだ。かといって提供できる担保もない。八方塞がりだ」なすすべなく途方にくれていた私に、まさに奇跡のような光が差し込んだのです。

「担保が必要なら、自分の家を担保に提供しよう」という方が現れたのです。しかも2人も。親族でも難しいことなのに、他人のために自宅を担保に提供できる人がいるなんて信じられませんでした。

「え、今なんとおっしゃいましたか」

そう聞き返すほど、にわかには信じられない言葉をいただいたのです。

「嵯峨さんなら、絶対に大丈夫だから、担保に提供しても何も心配はしていないですよ。頑張ってください」

こんなにも私を信じてくださる人がいる。私は目を真っ赤にしながら「ありがとうございます。死ぬ気でがんばります」何度も頭を下げて帰途につきました。私を信じて応援してくださる方々のためにも必ず成功させなければならない。改めて身の引き締まる思いでした。

この奇跡の申し出を受け、無事に銀行からの4500万円の融資が決まりました。

▼オープンへ向けて

これでようやく開業に向けて前進できます。お店づくりが急ピッチで始まりました。

どうやったらお客様に喜んでもらえるかという視点でお店づくりを考えました。私は料理人ですから、まずは、いいものを美味しく食べていただくことが何より大切です。長年築地に通っている経験もあるので、いいものを安く仕入れて提供しようと思いました。目利きが一番活かせるのは鮮魚でしたから、しっかりした料理を提供する海鮮居酒屋にして、大衆居酒屋との差別化を図ることにしました。そして、さらにお客様が楽しめる空間を演出したいとあれこれ工夫しました。

内装工事が始まると、あっという間に時間は経ってゆきました。予定したオープン日まではやることだらけの毎日で、猫の手も借りたいほどの忙しさでした。本当に予定通りオープンできるのかとまわりは心配していたかもしれません。やりたいことはまだまだありましたが、なんとかぎりぎりで準備は整いました。

こうして昭和57（1982）年10月4日、海鮮居酒屋「たいこ茶屋」をオープンすることができたのです。一国一城の主になると決めて板前修業をスタートさせて15年を超える歳月が流れ、とうとう夢がかなったのです。感無量でした。これまでの苦しみがようやく報われたと思いました。

さらに、その3日後の10月7日、私が29歳の時に結婚した妻順子との間に、長女の多恵子が誕生。同時に2つの誕生という、果報に恵まれたのです。

(4)時流に乗る経営

▼開業

お店は日本橋馬喰町、靖国通り沿いのビルの地下。最寄りの浅草橋駅前にもまだ飲食店なんてほとんどなかった時代でした。普通にやっても人は集まらないと思い、とにかくお客様が喜んでくれるアイディアを考えました。

店の中央に相撲の土俵をモチーフにした屋根付きの大きな丸テーブルを置きました。まだ珍しかった下駄箱に靴を入れてお客さんが木札を持つスタイルや、シロップを使ったサワーなども取り入れ、イベント時には太鼓を叩いて盛り上げました。

さらに今の「じゃんけん大会」につながる「抽選会」を開催することにしました。「居酒屋で飲んでいて抽選会があるなんて絶対に嬉しいし盛り上がる。賞品はもらって嬉しい豪華なものにしよう」、何がいいだろうか思案して、定番の賞品をタラバガニとマスクメロンにし、とても評判になりました。

こうしたエンターテインメント性と当時まだ少なかった海鮮居酒屋、日本料理人が作る確かな味によって、お店はあっという間に繁盛しました。

夜の客単価は３８００円、テーブル席や座敷席・掘りごたつも作り多様性を出したことにより、女性のお客さんも大勢いらっしゃいました。

ランチは、当時はまだブッフェではなく定食スタイルでした。ビジネス街でしたので、近隣のサラリーマンを中心に1日１００~１２０食は売れていました。人気は「メンコロ」。メンチカツ&コロッケ定食で、５００円でした。

慣れないなか、オープンから無我夢中の1カ月があっという間に過ぎました。10月は、なんと当初の目標を大きく上回る月商１０００万円超えを達成しました。日曜定休でしたから日商40万です。「これはいける!」大きな自信となりました。

海鮮&エンターテインメント&大箱は居酒屋ブームもあいまって、まさに時流に乗り、売上げはさらに上がっていきました。

▼2年目、沖縄2号店出店——遠方の難しさ

2年目の昭和58年、開業時に担保提供していただいた園鉄彦《そのてつひこ》さんが、「嵯峨さん、沖縄

開店当時の様子　上は「抽選会」

にいい物件があるのだが、2店舗目を出店してはどうだろうか。一度見てみないか」と、沖縄の物件を紹介してくれました。

仕事で沖縄に行くことがよくあったそうで、そこでの情報でした。前年にリニューアルしてファッションシティ・マキシーとして話題になっていた国際通りのランドマークであった那覇タワー（2014年に解体）の3階、50坪の物件でした。ほかならぬ園さんからのお話、沖縄は懇意にしている広島東洋カープのキャンプ地にもなっていて、リゾート施設の開発も進んでいた時期でした。「早速、行って物件を見てみましょう」と沖縄に飛びました。

園さんに連れられて那覇タワーに到着しました。国際通りはとても賑わっていて、そのなかでも那覇タワーは一番目を引く建物でした。

「これはいい物件ですね。園さん、ありがとうございます」

開業して1年が経ち順調に利益も出ていたので、この場所なら繁盛店にできると思い、「たいこ茶屋沖縄店」を出店することにしました。1店舗目と違い、銀行の融資もすんなり決まり、いよいよ2号店のオープンに向けた準備に入りました。しかし、いざ準備段階に入ると東京とは勝手が違いました。地域の居酒屋のメニュー価格は東京の相場よりも安いところがほとんどでした。「東京の価格では厳しいな」、そう感じた私は、業態は同じ海鮮居酒屋にしましたが、東京より客単価を下げて3000円設定のメニュー構成にしました。

次に直面したのは、人の問題でした。「たいこ茶屋」をわかっているものが店長になれたらよかったのですが、東京のお店も手一杯の状況、東京から誰かを移住させるわけにもいかず、現地で店長を採用し、なんとかオープンできるスタッフも揃いました。

こうして沖縄店は華々しくオープンをすることができました。独立開業から1年での2号店出店、経営者としての夢は膨らんでいました。

しかし、いざ開店してみると最初こそ良かったのですが、開業景気が落ち着いてくると思うように売上が伸びません。採算ラインまで売上がいかず、赤字続きでした。

店長に「何が問題なのだ」と訪ねても「わかりません」と返ってくるばかり。

何がだめなのか、沖縄と東京ではどう違うのか、いろいろ考えました。しかし、決定的な解決策も見いだせず、月日だけが経っていきました。お店に張り付いていればあるいはなにかできたかもしれませんが、何しろ沖縄と東京なので思うようにいきません。幸い、本店で利益が出ていたので、赤字は補填できましたが、閉店するまでの3年間で累計赤字は結局7000〜8000万円まで膨らんでしまいました。

　この失敗が、会社の体力を奪う結果になったのです。多店舗化の夢は一歩目で早くも躓くことになってしまいました。

▼カラオケパブ時代――時流に乗る　行徳店（3店舗目）

　沖縄店出店と時を同じくして、知人から新たな物件を紹介していただきました。それは行徳の商業ビルの6階の物件でした。

「嵯峨さん、行徳の商業ビルの洋食屋が撤退するから、ちょっと見てみないか。いい物件だと思うよ。来年にはディズニーランドもできるし」

　早速、行ってみることにしました。昭和58年の東京ディズニーランドのオープン間近の時期。大きなガラス張りの窓からは、ディズニーランドの花火も見えるという絶好のロケーションでした。広さは60坪。ひと目で気にいりました。

「これはいいですね。眺望も最高、このガラス張りはすごくかっこいいです」

　広さもあり、眺望もある。かっこいいお店ができそうな物件でした。しかし、海鮮居酒屋に適した立地ではないように思えました。そこで海鮮居酒屋ではなく、別の業態でなにかないかと考えました。

当時は、カラオケブームのはしりでしたので、人気の業態だったカラオケパブならぴったりではないか。そうひらめきました。

「そうだ！　カラオケパブにしよう！」

カラオケパブを経営した経験はありませんでしたが、海鮮居酒屋よりは簡単に思えましたし、何より「はやり」でしたので、追い風に乗らない手はないと思いました。「絶対に成功できる」、意気揚々で妻に計画を話すと、「そんなに手を広げてどうするの。本業が疎かになるわ」とまさかの反対。「いや、大丈夫だ。俺はやる」と説き伏せて、オープンへ向けた準備を始めました。

海鮮居酒屋とはまったく異なる業態でしたので、別会社を立ち上げ運営することにしました。なかばいやがる妻に代表になってもらいました。まだレーザーディスクの時代です。店長と「ママ」のいるお店にし、2000円で飲み放題、カラオケは1曲200円としました。狙いは当たり、100席あるお店はいつもいっぱいの繁盛店になりました。

「ほらどうだ、成功したろ」。内心、これで失敗したら妻に頭が上がらなくなると必死でしたので、ほっと安心しました。その後数年間は、お店は繁盛し、大きな収益をあげてくれました。

しかし残念なことに、平成３（１９９１）年頃にビルの閉鎖が決まり、やむなく閉店することになりました。

▼昭和63年――カラオケパブ（4店舗目）

昭和63（１９８８）年のある日、歌謡グループ「内山田洋《うちやまだひろし》とクール・ファイブ」の宮本悦朗さんとご縁をいただきました。行徳でカラオケパブのお店をやっているという話をしたところ、なんとその翌日に行徳のお店に遊びに来てくれたのです。「なんと義理堅い人だろう」有名人なのに物腰が穏やかで腰が低い人柄がいっぺんで好きになりました。

それ以来、宮本さんとは仲良くなり、たいこ茶屋本店や、行徳のお店で、クール・ファイブのディナーショーを企画するなど交流を深めていました。

その宮本さんから、スナックのようなお店をやってみたいのだが、と相談を受けました。

「嵯峨大将、クール・ファイブの仲間がスナック経営で成功しているのですが、私も将来を考えると、そういったお店を持ってみたいと思っています。しかし、お店を持つとなると相当な資金もかかるので、なんとかならないかと思案しているところなのです」

「宮本さん、そういうことでしたら、私に任せてください。一緒にやりましょう」

そこで、彼の地元の京成線沿線を中心に物件探しを始めました。勝田台の自宅から引っ越しての開業をイメージしていたので、探したのは自宅で開業できる「店舗併用住宅」でした。20件ほど探してようやく気に入る物件が見つかりました。賃貸物件ではなく売買物件でしたので、私が購入して、宮本さんに賃貸する形にしました（今は宮本さんの所有となっています）。

こうして7月7日、七夕の日に「クール101」は産声をあげたのでした。お店は宮本さんの奥様が切り盛りすることになりました。このお店は今でも、ご夫婦で続けていらっしゃいます。

▼「クール101」の展開

平成4（1992）年になり、この頃には沖縄店の負債も片付き、落ち着いていました。前年に行徳のカラオケパブを閉店し、再び本店1店舗となっていて、また事業拡大したいと思っていた頃でした。

浅草橋によい物件がみつかり、宮本さんの「クール101」2号店として、28坪のカラオケパブをオープンしました。商業ビルの地下1階でしたが、立地もよく、繁盛店となりました。「たいこ茶屋」からの2次会の場としても多くの方に利用していただきました。

この成功を受けて、宮本さんと、同じくクール・ファイブの小林正樹さんとも飲食事業について話しました。彼もやってみたいということになり、一緒に立ち上げることにしました。

こうして平成5年、「クール005」を神田と錦糸町に相次いで出店しました。

当時は、まだ銀行がどんどん融資してくれていた時期で、カラオケパブ4店の出店は銀行から資金調達しました。習志野は購入でしたが、ほかの3店舗は賃貸です。店舗を借りるための保証金がとんでもなく高かった時代です。保証金も含め、2億近い費用がかかりました。幸い、この4店舗は順調に売上を伸ばしていきました。しかし、投資回収には相当な年数が必要な状況でした。

バブル崩壊の影響がもうすぐそこまでやってきていたことをこの時は知る由もありませんでした。

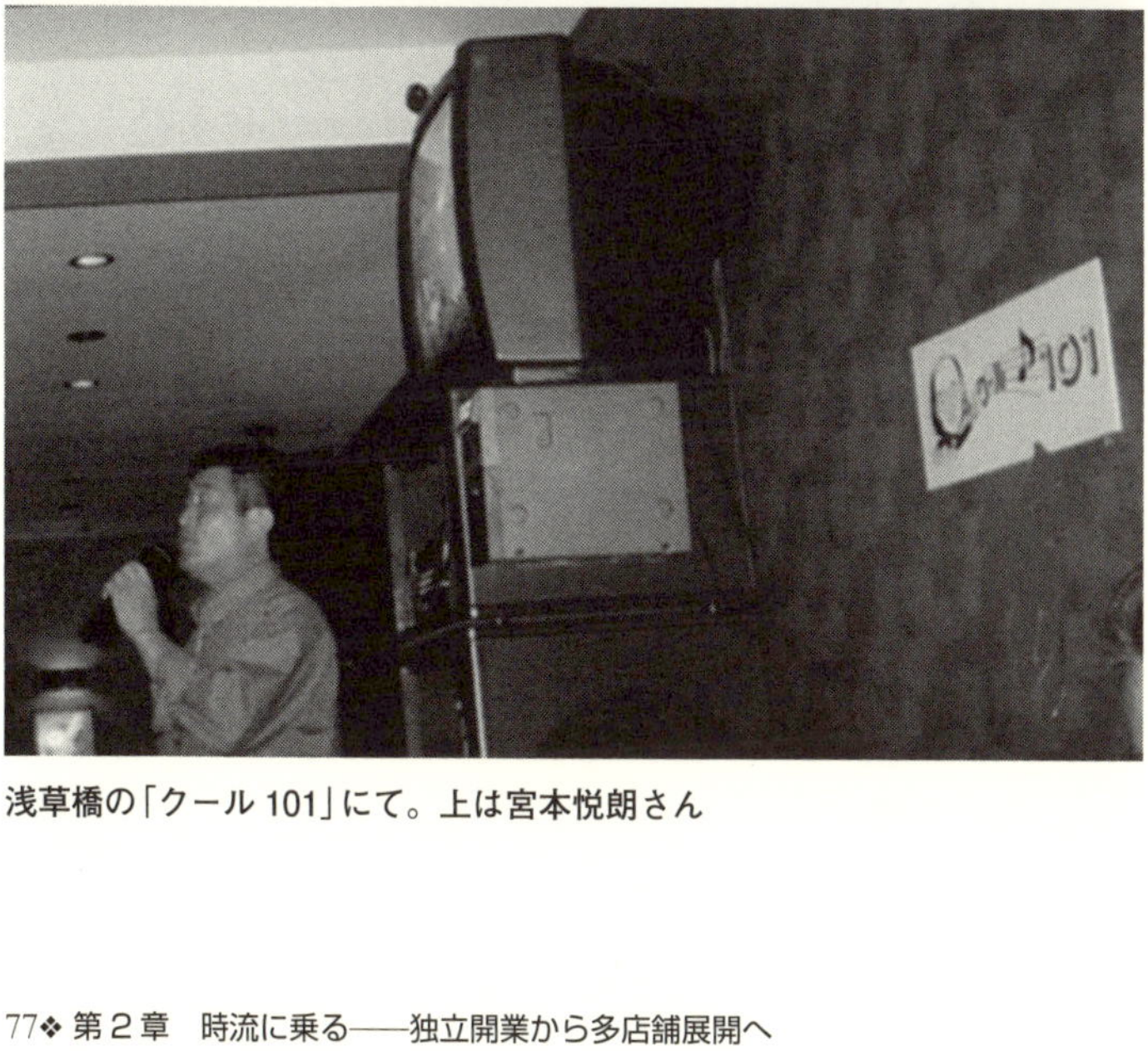

浅草橋の「クール 101」にて。上は宮本悦朗さん

▼サンリオ、南海チェーンと3社で合弁で

話は少しさかのぼり、昭和59（1984）年、ちょうど行徳にお店を出した頃です。沖縄の店舗の物件を紹介してくれた園さんから、町田典子さんを紹介していただきました。町田さんはアパレルの会社の役員をなさっていました。そのご縁で、居酒屋進出を検討していたサンリオと組んで居酒屋事業を立ち上げることになりました。

サンリオと、南海チェーンとたいこ茶屋の3社で合弁会社サンウェイを設立し、青山と渋谷に「茶屋のんのん」という洋風居酒屋を出店しました。サンリオはオペレーションには携わらなかったので、実務は、経理などの管理業務を南海チェーンが担当し、お店の切り盛りは私が担当することになりました。実質2店舗増えたようなものでした。

しかし、運営の労力は同じでも、利益は三分の一というのが実状です。現場が増えたことにより、浅草橋の本店のほうがどうしても疎かになってしまい、このままでは良くないと思い、2年目になり、「茶屋のんのん」の2店舗も軌道に乗ったところで、私は現場からは引かせてもらいました。その際に、私に代わって現場指揮できる人が必要でしたので、以前お世話になった兄弟子に頼んで来てもらいました。

▼「海鮮問屋」の失敗

その後、私自身は経営には携わりませんでしたが8年（S60〜H6）ほどの間に、「海鮮問屋」という海鮮居酒屋を十数店舗展開するまでになりました。

平成6（1994）年頃、先の兄弟子が、サンウェイを退職することになり、彼の新しい職場をなんとかしたいと思い話し合ったところ、成功していた「海鮮問屋」を支店としてやってみようということになりました。暖簾分けの独立店のようなイメージです。

埼玉県越谷市のせんげん台駅東口、当時のイトーヨーカドーの斜向いの国道4号沿いに60坪の物件が見つかり、居抜きで借り、内外装をリニューアルしてスタートしました。店舗リースを使ったので3000万円くらいの投資でした。運営は兄弟子に任せることになりました。成功した業態で、長く十数店のチェーン店運営をしてきた兄弟子ですから、まったく心配はしていなかったのですが、なんとこのお店が大赤字を出してしまいます。

海鮮料理をメインにする難しさは、鮮魚食材のロスの問題です。繁盛してどんどん食材が回転しているときは良いのですが、いったん歯車が狂いだすと、止まらなくなります。鮮魚ですから他の食材以上に時間経過による価値の下落が起こります。鮮度が落ちれば、食したときの満足度も落ちます。ますます売上は落ちてゆきます。それでも、仕入れをしないわけにはいきませんから、月の売上に対する食材費（いわゆる原価率）はとうとう85％にもなりました。

メニュー単位で原価率85％というのは、目玉商品を作る場合にはそのくらいの設定はありうるのですが、月単位の店の原価率が85％というのは、一瞬自分の目を疑うくらいの数字でした。

▼居酒屋の原価計算

繁盛店とまでいかないが黒字レベルのお店で、月平均の坪売上が15万円だとすると、60坪のお店では、月間９００万円の売上です。営業30日で日商は30万円、25日なら35万円強となります。

これが「平日苦戦、金曜日なんとか入る、土曜日苦戦」というレベルの店になると、平日1日10万円（客単価４０００円設定、25人）、金曜でようやく30万円（客数75人）、月の売上は３３０万円と想定できます。

1日の売上35万円で、採算レベルの食材原価率設定が30％だとすると、1日の平均食材仕入れは約10万円です。先に出た「月の原価率85％」というのは、1日10万円前後の仕入れを毎日しているとすると、相当なロスが出ている状態と考えられます。

鮮魚は刺し身レベルの鮮度から、時間が経てば焼いたり、煮たり、加熱調理して使用しますが、刺し身で出したほうが利益率は高くなります（原価率は低くなります）。鮮魚を扱っていると、時間経過による1尾の魚の価値減少はどうしても避けられず、それゆえ、1尾の魚をどのように使って、魚1尾のトータルの原価率をどうやって抑えるかを考える必要があります。

繁盛している時は、ロスも気にならないくらい少なくなり、どんどん回転しますから、原価率も単品メニューの初期設定原価率に収縮されていきます。問題は、繁盛していないときなのです。調理人は誰でも、良い食材を使いたいと思うものです。海鮮ならなおさらです。ですから仕入れは、毎日、通常通り、満席になっても大丈夫なくらい行ないます。しかし、仕入れほどには売れなくなってくると原価率が上がり、やがて悪循環に陥るのです。この状態になると、原価管理が重要度を増します。

この原価管理は、日々の現場でないとわからない部分がほとんどです。仕入れ含め、調理場の原価管理意識はお店の利益に直結する大切な仕事なのです。

しかし、考えてもみてください。60坪の大きなお店にパラパラのお客様。だんだん従業員のモチベーションは下がってくるものです。原価管理も疎かになっていきます。

▼手を打てるのは経営者だけ

結局、そうなったときに、改善策を打てるのは経営者なのです。なぜなら、お店の利益が自分に直結しているからです。赤字になれば自分の懐からお金が出ていくわけです。もし、赤字になっても懐が傷まなかったら、どこまで本気で改善できるでしょうか。鍵を握っているのは経営者です。

お店がうまくいかない原因は多様ですが、飲食店は立地（マーケット）が8割と言われています。その立地に合う業態（価格帯も含め）かどうかが大切です。ほかで成功した業態が、その地域で成功するとは限りません。さらに様々な要因が複合して、繁盛したり閑古鳥が鳴いたりするものです。その判断を間違えると経営は悪化の一途をたどります。

「海鮮問屋」もその例外ではありませんでした。

かくして、「海鮮問屋」は大赤字を抱えたまま浮上することはなかったのです。

第3章

どん底に残されたもの

バブル崩壊から苦難の道へ

1　いきあたりばったりのつけ

▼会社の体力を奪った赤字店舗――見えないつけ

昭和57（1982）年に独立開業し、居酒屋ブーム、カラオケブームなどの時流に乗ることができて、事業は順調に拡大していきました。銀行もどんどん融資してくれる時代でしたから、このまま拡大していけばいい、そう思っていました。

私は人とのご縁をとても大切にしていますので、ご縁で出店の話をいただければ、できるだけ応えたいとも思ってきました。そうして出店した沖縄店は失敗し、初めての赤字店舗になってしまいましたが、幸い本店と行徳のカラオケパブのお店が繁盛していましたので、全体ではまだまだ利益が出ていました。その分、閉店の判断が遅くなり、傷を広げてしまったのです。

この失敗で、会社の体力をつけるべき時期に、十分な体力をつけることができないまま、行徳店の閉店、クール・ファイブのカラオケパブ4店の出店となりました。この出店は銀行融資での資金調達でした。売上と利益も増えましたが、元金返済と金利の支払いも膨らんでいきました。それでも、拡大していけばなんとかなる、まだまだそう思っていました。そのようななか、さらなる拡大を目論見、2章の最後でお話しした越谷の「海鮮問屋」を出店したのです。

そして、大赤字。毎月100万~200万が湯水のように流れていきました。それでも、全体では、黒字でしたので、困ったものだという程度の認識でした。ここの判断の遅れが致命傷となってしまいました。

多店舗化をしていくと、赤字店舗がでてくるのは避けられないところです。問題は、この赤字店舗をどうするか、です。全体で利益がでていると、この赤字店舗の対策が遅れがちになります。自分に置き換えればわかることですが、怪我をして、出血している状態です。まずやるべきことは止血です。血が流れていたらやがて死んでしまいます。一刻も早く止血する必要があるのです。

この優先順位の判断が、繁盛しているときは間違ってしまいやすいのです。私もそうでした。なぜ赤字なのか、原因を追求し、その原因が対策可能なのかどうか判断し、解決できない問題であれば撤退を選択する必要が出てきます。損失は出てしまいますが、最小限に留められるかどうかが肝心です。いわゆる損切のタイミングです。

私はどうも、この損切が苦手です。なんとかなるのではと思ってしまうし、思いたいので、この失敗を受け入れて損切することがなかなかできませんでした。

▼多店舗化メリットゼロ――守りに弱い経営

平成7（1995）年、本店と、カラオケパブ4店舗、海鮮問屋1店舗の計6店舗となっていました。多店舗化で成功している企業をみると、当初から多店舗化の計画を立てて、多店舗化のメリットを活かせるような展開をしているようです。

例えば、同じ業態の多店舗化は仕入れの量が増えるので、仕入れコストを下げることが可能です。また、人材の育成も容易になりますし、役職も多くなり、スタッフのモチベーションも上がります。出店地域を集中させれば、その地域での優位性が保て、店舗間の人材交流や配置転換も容易になります。運営サイドは、同一・類似業態、同一地域で比較できるので、各店舗の問題点も把握・解決しやすいメリットがあります。

しかし、この6店の場合、そういうものはほとんどありませんでした。カラオケパブは、別会社にして運営管理はやっていましたが、クール・ファイブのお二人のお店という形でしたし、海鮮問屋は運営を任せていて、仕入れも別々でしたので相乗効果はありませんでした。地域もバラバラです。浅草橋の本店と、クール101の浅草橋店が近かったので、本店での飲食のあとに2次会のカラオケ利用で使っていただくことが多く、この点はプラスでしたが、相乗効果はこのくらいでした。

時流に乗って右肩上がりの時は独立してどんどん利益を出してくれるので楽だなとさえ思えていたことが、苦しくなったときにはこれが仇となってしまいました。

2　バブル崩壊の荒波

▼赤字転落——時既に遅し

バブル景気が終わり、後にバブルの崩壊と呼ばれる荒波はもうすぐそこまで迫っていました。大企業は大卒採用数を徐々に減らし、就職氷河期という言葉も出てきていました。しかし、まだまだ街には活気がありました。月の売上が少し下がっても、「まあ、そういうこともあるさ」くらいに考えるようにしていました。しかし、徐々に、確実に、売上は減少していきました。

それまで黒字で続いてきた神田と錦糸町のカラオケパブ店舗が、平成７（１９９５）年、ついに赤字に転落しました。

「大将、神田と錦糸町のお店が先月赤字です」。経理担当に最初に言われた時は「今月は好転してくれ」、そう願っていました。

「大将、今月も赤字です。浅草橋は黒字ですが、このままだと全体赤字になってしまいます」、経理担当はそう言いますが、「もう少し様子を見よう」、祈る気持ちでそう言いました。

「大将、とうとうカラオケ全店計で赤字です。神田と錦糸町の赤字は拡大しています。このままだと資金が底をつきます」

さすがにここまでかと思い、クール・ファイブの小林さんに相談して、神田と錦糸町の2店舗は閉店することにしました。幸い、閉店する資金はなんとか工面できました。店舗は閉店するにも資金が必要なのです。仕入れや給与は翌月に払いますから、閉店しても支払いは残ります。店舗物件の契約によっては、原状復帰といって、借りた状態に戻して返す必要があります。この原状復帰に大きな費用がかかる場合も多いのです。

この時点で、浅草橋店は黒字でしたが、かなり売上は落ちていました。銀行に融資の返済をすると手元には残らない状態でした。

▼なすべもなく血は流れる——月数百万がなくなっていく

もう、バブルの崩壊の不景気がいっきに来たと思わざるを得ないこの急降下に、なすすべがありませんでした。カラオケパブは閉店して出血は止めました。本店の売上は落ちていましたが、まだ若干黒字でした。しかし以前のように赤字店舗をカバーする余力はなくなっていました。本店と海鮮問屋の2店舗計で、毎月数百万円ものお金がどんどん出ていくのです。

体力のついていなかった会社は、ひとたまりもありません。余剰資金はあっという間に底をつきました。「大将、今月、支払い資金が足りません」。経理担当が悲痛な顔で訴えます。「わかった、なんとかする」。そう答えたもののあてはありません。

お店の立て直しを考える前に、給与と月末の支払いをどうするかという資金繰りの問題が最優先となりました。やっとの思いで今月乗り切っても、また来月もある、その繰り返しでした。こうなると赤字店舗を閉店することすらできなくなってきます。

3　あっという間の沈没

▼1年持たず行き詰まる

平成7（1995）年12月は忘年会シーズンもあり、年間で一番稼げる時期、幸い、なんとか12月は持ち直し、乗り切ることができました。

「大将、今月はなんとか月末支払いできそうですが、まだ全部は払いきりません」。少しホッとしたのもつかの間、1月、2月と売上はまた減少していきました。自転車操業は続きます。仕入先への支払いも遅れていきます。やがて金融機関への返済も期日に間に合わなくなって銀行の融資担当へも事情説明で度々頭を下げることになりました。それでもなんとか、この窮地を乗り切ろう、明日へつなげよう、その思いでいっぱいでした。

▼膨らんだ借金——5億の負債

資金繰りが悪化して、1年近くが経ち、毎月の赤字をノンバンク融資、仕入先の支払い遅延などで埋め合わせ、なんとか延命している状態でした。しかし、流れ出る血を止めていないので、負債はますます膨らんでいきます。とうとう、その額は5億にもなりました。

この時は、5億返済できるかどうかを考えている余裕はなく、今月の給与をどうしようかというのが第一で、次に月末の支払いどうしようかと続きました。手元にいくらあるか。それがすべてという状況でした。毎月、100万円以上の不足資金を手当する状態は当然長くは続きません。

▼残された道——任意整理

平成8（1996）年、「もうどうすることもできない」。ここまで頑張ってみたが、限界でした。

借りることのできる先は尽きて、仕入先からも現金決済にしてくれと言われる状態でした。次の給与のめどもたっていません。八方塞がりになりました。

「大将、もう無理です」。悲壮な声でそう言われた時、「もはや、ここまでか」。覚悟を決めました。妻にそのことを告げると「わかった。仕方ない」という穏やかな言葉。少なからず責任を問われるのを覚悟して告げたので、意外な返答でした。妻にも申し訳ない気持ちでいっぱいだったので、救われた気持ちでした。

さっそく知り合いの弁護士の先生に電話をしました。「先生、ご相談があります。お時間をいただけますでしょうか」。約束の時間に先生の事務所に伺い、状況を説明しました。

「嵯峨さん、お話はわかりました。これは任意整理をする以外に方法はなさそうです」

「先生、任意整理というのはどんな方法なのですか」

「任意整理というのは、破産手続きや民事再生手続きなどの裁判所を通す法的整理と異なり、裁判所の関与なしに、債権者と個別に交渉するものです。破産手続きや民事再生手続きをするには、予納金を裁判所に納めなければなりません。今回の債務ですと民事再生手続きをするには、500万円以上の予納金が必要です。しかし、その予納金がなければ、手続きできないので、予納金の必要ない任意整理しか選択の余地はないでしょう」

そう説明を受けた私は、「破産手続きにもお金がかかるのですね。お金がないから破産するのに矛盾していますね」。少し憤りましたが、決まりごとですから仕方ありません。

「先生、では、任意整理でお願いいたします」

「嵯峨さん、わかりました。任意整理は、法的な力のある裁判所手続きと違い、債権者同意が必要です。嵯峨さんも一緒に債権者にお願いしてもらわないといけない状況もでると思いますのでご協力よろしくお願いします」

「先生、わかりました。よろしくお願いいたします」

事業は継続できますが、債権者の同意がなければ先に進めません。私には選択の余地はありませんでした。

バブルの崩壊で不良債権が社会問題となっている時期でした。債務の8割を占めた金融機関の債務は程なくして放棄してもらえることになりました。仕入先には、弁護士の先生とお詫びに行きました。債権放棄か減額に応じてもらえたところがほとんどでした。取引停止が当然のところ、また頑張りなさいと、今後の取引の継続を承諾してくれた仕入先もあり、胸が熱くなりました。

任意整理の結果、5億円の負債は2000万円になりました。債権放棄、減額していただいた方々には本当に申し訳なく思っております。

4　再生からの苦難の道

▼再起をかけて――諦めない

任意整理をしたことで、別会社で黒字であった習志野と浅草橋の「クール１０１」以外の本店、海鮮問屋はいったん閉店となりました。

習志野のお店は建物ごと宮本さんに買い取っていただく形になりました。

本店も閉店したものの、ここで諦めたくはない、なんとか再起してがんばりたいと強く思っていました。しかし、そのためには再開の資金が必要でした。任意整理直後の身です。貸してくれるところなんてありません。なんとか、本店の再開ができないものかと途方に暮れていました。

▼支えてくれた家族と仲間——思いがけない申し出

するとと窮状を聞きつけた仙台の母が、

「完、何かの足しにしなさい」

そう言って、当時、借家にしていた実家を売却、再起費用にと1200万を用立ててくれたのでした。

私は7人兄弟の末っ子でしたが、母はその頃、兄の家に同居していましたので、もとの実家は人に貸していたのです。この歳になって親に心配かけて援助してもらうことは、本当に申し訳ないという気持ちでいっぱいになりました。と同時に実家売却に快く同意してくれた兄嫁の雅子には今でも感謝しています。

これでようやく光が見えてきました。

それからまもなく、さらに、驚くべき申し出を受けたのです。

宮城工サッカー部の仲間が、カンパを募ってくれたのです。懇意にしていた1つ上の先輩の谷口正典《たにぐちまさのり》さんが、「嵯峨君、僕からOB会に相談してみるよ。きっと力になってくれるよ」、そう言って、サッカー部OB会の会長に相談してくださいました。

「みんな、嵯峨君が事業でうまくいかず窮地のようだ。彼はいつも、人のために自分ができることを率先してやってきた。OB戦のみんなへのお弁当の差し入れだってそうだ。彼の窮地なら、今度は僕らができることをする番だ」と言って、1口10万円の出資という名目でサッカー部OBに声がけしてくださったのです。

そして集まったのが、なんと600万円です。出資という名目であっても、戻ってくる保証なんてないのです。でも、仲間が窮地なら助けよう、協力しよう。その思いだけで仲間が動いてくれました。そして、それにみんなが応えてくれたのです。

それを聞いて、みんなの顔を思い浮かべ、涙が止まりませんでした。この想いを私は胸に刻んで死にものぐるいでがんばろう。必ず再起してこの恩を返していこう。そう固く誓いました。

▼原点にもどり再スタート——ここが我が城

今まで、経営者として、お店をどんどん拡大していくことが成功だと考えていました。
その結果、本丸さえも失う結果を招いてしまいました。
「一国一城の主が本丸を守らないでどうする」。
自分を見つめ直し、もう一度原点に戻って、一からやり直そうと決意しました。
浅草橋の本店だけでも守り抜こう。本店の再開にむけて踏み出しました。
なお、出資いただいたのは次の16人の方々です。
改めて記載して感謝の意を表したいと思います。

新山　武志　　大槻　尚（故人）
谷口　正典　　大久保　芳雄
柴田　耕三　　二瓶　信之
高橋　宏嘉　　秋藤　一夫（故人）
赤坂　健二　　川村　安雄
内海　庄一　　佐藤　範昭

谷口　正昭　　　嵯峨　潔
巻野　利昭　　　柴又　善行（故人）
（順不同、敬称は略させていただきました）

5　我が城を守る

▼妻の力

母からの支援1200万円と、サッカー部の仲間が集めてくれた600万円、合計1800万円が再起の資金となりました。赤字閉店からの再起です。

本店はリニューアルすることにしました。1000万円をリニューアル費用、600万円を当面の運転資金として再スタートに向けて動き出しました。

まずは、家賃も滞納していた本店のビルの大家さんに事業再開と、引き続き賃貸させていただきたいとお願いにいきました。しかし1度失った信用は簡単には戻りません。

「嵯峨さん、申し訳ないけれど、嵯峨さんの会社との賃貸契約はもう受け入れるわけにはいかないよ」。大家さんの立場なら仕方ない返答とは思いましたが、絶対に諦めるわけにはいきません。

「そこをなんとか、お願いできないでしょうか。死にものぐるいでがんばります」。私も必死に食い下がりました。困った顔の大家さんは最後に、

「それじゃあ、嵯峨さん、私も鬼ではないから、あなたには貸せないけれど、奥様と共同でというなら考えましょう」

「妻と共同ですか。あ、ありがとうございます」

一瞬、妻の名前が出た時は戸惑いましたが、何しろそれなら貸してくださるというのですから、一歩前進です。

私は、妻に事情を話しました。そして、二人で頭を下げに行って、ようやく賃貸契約を結び直して借り続けることができたのです。その時、妻がどれほどの信用を築いてくれていたのか理解していなかった私には、大家さんに言われたことの意味がまだよくわかりませんでした。妻の力をあらためて認識することになりました。

こうして、妻の協力もあって、リニューアルに向けた準備をスタートさせることができたのです。

妻とともに

▼本店リニューアルスタート

「いよいよ、再スタートだ。内装も思い切って変えてみよう」

店内はそれまでの重厚な作りの掘りごたつ席や、畳座敷はとっぱらい、現在の形のテーブル席に変更しました。

名前も心機一転、「おさかな本舗」をつけて「おさかな本舗　たいこ茶屋」としました。

こうして平成8（1996）年10月、リニューアルオープンになんとかこぎつけることができました。奇しくも開業と同じ10月の再スタートとなりました。

6　苦難の始まり

▼リニューアルで再スタート

「大将、待っていましたよ」

「リニューアルオープンおめでとうございます」

多くの常連のお客様の温かい言葉に迎えられて「おさかな本舗　たいこ茶屋」はオープンしました。「スタートは上々だ」「リニューアルオープンすれば、また昔みたいに繁盛店になる」。そんな淡い期待をいだいていました。しかし、現実ははるかに厳しいものでした。

オープン景気が落ち着いてくると、現実が見えてきました。

「こんなはずではなかった」

ここからさらに苦しいどん底の時期が長期間続いたのです。リニューアルオープンしても一度離れた客足はなかなか戻ってきてはくれません。そもそも、本店も赤字ラインまで売上が減少しての閉店でしたから、好調のときに吹いていた時代の追い風は、今や完全な逆風です。リニューアル前よりも少し価格設定を安くしたこともあり、人気だった「くじ引き」イベントはやめていましたので、これもマイナスに影響したかもしれません。再出航してすぐに、再び沈没しかねない状況が続きます。

▼不退転の決意——友人の支援

しかし、どんな嵐であろうとも、私は負けるわけにはいきませんでした。この再起を応援し、信じてくれている仲間がいる。そう思えることがまた私を勇気づけてくれました。ふと、高校時代のあのきつく苦しい地獄のような練習を思い出していました。「どんなに苦しくてもみんなで乗り越えてきた。今回も大丈夫だ。私はひとりではない」

そう自らに言い聞かせていました。目まぐるしく10月が終わり、あっという間に11月も過ぎてゆきます。用意した運転資金を切り崩しながら12月を迎えます。「このままではまずい。なんとかしなければ。」気持ちばかり焦ってゆきます。

▼やれることは全部やる――毎朝の浅草橋駅前

12月は1年で一番の稼ぎ時、なんとしても12月を上昇のきっかけにしなければなりません。今月失敗したら本当に沈没の危機です。やれることは全部やろう。お店のメニューからサービスに至る細部までもう一度見直しました。それでも、とにかく来店してもらわなければ、良さをわかってもらえません。

「まずは来店してもらうことだ」

そのためにはどうしたらいいだろうか？　今やれることはなんだろうか？

そこで思いついたのがチラシ配りでした。

「よし！　チラシを配ろう」

さっそく、チラシを大量に作りました。

「大将、チラシ、どこで配るのですか」

「そうだな、店の前はあまり人が通らないから、人通りのある駅前がいいだろう。朝の通勤時間帯なら大勢の人が通るからチラシも配りやすいだろう」

「大将、そんな朝早く、誰が配るのですか」

「俺が配る！」

こうして毎朝、人がたくさんいる駅前でチラシを配ることにしました。12月、寒さもだんだん厳しくなってきた頃でした。朝7時半から近隣6箇所ある駅前で日ごとに場所を変えて、今日は浅草橋駅東口、明日は東日本橋駅というように、毎日店の宣伝チラシを配り歩きました。

「たいこ茶屋です。よろしくお願いします」

声をかけながらチラシを差し出します。ところが宣伝チラシはなかなか受け取ってもらえません。あれこれ試行錯誤を繰り返していました。チラシを差し出すタイミングや、立ち位置など変えてみました。大きな違いはありませんでしたが、徐々に慣れてくると200枚近く配れるようにはなりました。しかし、配っている感覚は、ほとんど受け取ってもらえないという感覚でした。

「これではいけない。もっと配らなければ。お店に来ていただけない」

7 「ガッツおじさん」誕生

▼開き直りの「ガッツ」

ある時、なかなか受け取ってもらえない自分が情けなくなりました。そんな自分への奮起の気持ちも込めて自然と出た言葉が「ガッツ！」でした。

「ガッツ！」

と声を出し、こぶしを振り上げてチラシを渡したところその方も、ニコッと笑って受け取ってくれたのです。次の方にも「ガッツ！」と言ってチラシを渡したところ、やはりその方も、ニコッと笑って受け取ってくれたのです。

「これはいける」

そう思い、その後も「ガッツ！」と言いながらチラシを渡していきましたら、今まで200枚もまければ精一杯でしたのが、1000枚も配れたのです。「これだ！ガッツ！

浅草橋駅頭で「ガッツ！」　左は長女の多恵子

だ。」心躍りました。

以来、「ガッツ！」と叫びながらチラシを配るのが日課となりました。チラシを受け取ってくれたり、笑い返してくれたり、なかには「ガッツ！」と返してくれる方も出てきました。私もだんだん楽しくなってきました。

まさかそれから20年以上「ガッツ！」を続けることになるとは夢にも思いませんでした。

こうして、日課のチラシ配りを続けていくと「ガッツ！」を届けることに意味があるようにさえ思えてきました。ちまたでは、いつしか「ガッツおじさん」と呼ばれるようになりました。

▼意外な存在感――いつのまにか街の名物に

時は過ぎ、「ガッツおじさん」のチラシ配りを続けて20年近くたった4年ほど前、警察への通報が3～4回続いたことがありました。嫌がる人がいるならもうやめようと思い、3カ月くらい停止しました。

そうしましたら、50人を超す人が入れ代わり立ち代わりお店にやって来てくださいました。

「大将、どうしたの？　ガッツやらないの？　あれに会うと一日頑張れるんだよ」と心配して来てくれたのです。中には、「ガッツおじさんは死んだ」という噂も流れているというのです。

そんなに喜んでくれている人がいたのだと思い、それからはチラシを配らず、毎週水曜日、浅草橋駅前で純粋に「ガッツ！」を通行人の方に送るようにして再開しました。

ある時「散歩の達人」という雑誌に、１ページを使って私のガッツポーズの全身写真とともに「ガッツおじさんの謎」というタイトルの記事が掲載されたことがあります。「ガッツおじさん」って何者？という内容です。雑誌が発売されたその日にＴＢＳラジオが取材に来られました。次の日にＴＢＳテレビ、次に日本テレビ、さらにフジテレビ、そしてテレビ東京と民放各局すべての局が取材に来られました。

現在は毎週水曜日の朝に浅草橋駅の前で「ガッツおじさん」をしています。私の中では、「朝活」と呼んでいます。「ガッツ！」は、「店の宣伝のため」から「元気を届けるため」に変わっていきました。

あのとき、「ガッツ！」と叫んでいなかったら、どうなっていたのでしょう。ピンチの中にチャンスあり。何がきっかけになるかわからないものです。

▼じゃんけん大会スタート

話を戻して、平成８（１９９６）年のリニューアルから3カ月目の12月。毎日のチラシの効果か、だんだん客足が増えてきました。同時に、また「くじ引き」を復活させようかという話になり、そこから「じゃんけん大会」が誕生したのです。「くじ引き」は毎日、１００枚以上の抽選券を、自前で番号をふって作成するので準備に時間がかかっていました。その点、「じゃんけん大会」は、準備は賞品だけですので負担も少なくてすみました。

この「じゃんけん大会」は目新しさもあって、大変好評でした。久しぶりに、お店が盛り上がって笑顔があふれていました。

こうして12月はなんとか上昇のきっかけを感じる月にすることができました。しかしまだまだ、安心はできません。12月は良くて当たり前。繁盛と呼べる売上からは、かけ離れていました。

8　苦難の時代——弱者につけこむ人々

▼事件に巻き込まれる

平成10（1998）年、再起から1年半近く経っていましたが、まだまだ苦しい日々は続いていました。「大将、今月の給与支払いどうしましょう」「なんとかする」、そんなやりとりが毎月のようにありました。そのような状況のなか、弱者の弱みにつけ込むような事件に巻き込まれてしまいます。

いわゆる事件屋のような人たちによる詐欺事件でした。時間をかけて我々を信用させ、巧妙に搾取しながら機会を伺い、ここぞというときに仕掛けてきました。娘たちは怪しんでいたようですが、私はコロッと騙されました。

この事件はいっときの被害にとどまらず、それから2年以上にわたりこの事件と戦わなければなりませんでした。精神的に長く苦しい時が続きました。恐喝までされ、身の危険を感じた私は家族を引っ越しさせて一時避難させたほどでした。

最後は弁護士の先生にもお願いして徹底的に戦おうとなり、ようやく事件は収束にむかいました。

▼結束力――苦難が家族の団結を強くする

この事件が、結果として、家族の絆を深め、私の中で大切な変化が起きるきっかけになったのです。お店を守る以前に、家族を危険な相手から守らなければならないという危機感を感じるほどのこの出来事は、私と妻に、一緒に徹底的に戦おう、ふたりで家族を守るんだという強い連帯感をもたせてくれました。

私は、その時、「仕事で成功して家族を養う夫」から、「命を賭けて家族を守る夫」に変わっていったのだと思います。

「一緒に戦おう」と言ってくれた妻の言葉が、私を変えたのです。

「俺が、家族を守る」

この守るは、「稼ぐ」でも「成功する」でもなく、正真正銘、「身を持って家族の安全を守る」でした。それまで、外に向いていた私の意識が、強烈に内に方向転換した瞬間でした。

私のその意識は、事件が解決したあとも変わることなく、今も私の中心に家族があり、その家族とともにこのたいこ茶屋を家業として営んでいます。

振り返ってみればいつも気づくことがあります。それは、その時最悪だと思うことも、長い人生においては、必要なことであるということです。この事件も、本当に苦しかった。でも、私の人生のなかで、なくてはならないものを与えてくれた事件でもあったのです。

大切なのは、その苦難に、向き合って逃げずに立ち向かう姿勢だと思っています。

第4章

一歩一歩

支えてくれたのは「家族力」

1　再生への道

(1) 転機となったランチブッフェ

▼お刺身食べ放題スタート――700円のインパクト

平成8（1996）年10月に再起をかけてリニューアルオープンしてからすでに2年が経っていました。毎朝チラシ配りをしたり、やれることはなんでもやろうという気持ちで毎日を乗り切っているという感じで、長いトンネルはまだ続いていました。いつかきっと夜明けはやってくる、そう信じていました。そして、とうとうその日はやってきたのです。

平成10年、転機は訪れました。マグロをいつも仕入れている築地の卸業者さんから、「メジマグロが安くなってるよ」と電話をもらいました。聞くとなんとキロ200円と言うではないですか。一瞬耳を疑いました。

「に、200円ですか?」

その年はマグロが大豊漁でした。もちろん、特別ルートでの価格ですが、メジマグロ(10〜15kg)の仕入れ価格が通常の1/10以下、1kg200円になったのです。

そのとき、ふとひらめいたのです。

「このチャンスを活かせないだろうか。そうだ。マグロの食べ放題ができるのではないか」

一人でマグロ1kgはさすがに食べられないだろうから、マグロを食べ放題にしても採算がとれるのではないか。それならいっそお刺身食べ放題にしてみたらどうだろうか。

そして考えたのがランチブッフェでした。お刺身数種の他にご飯、味噌汁、おかず数品のランチセットを食べ放題にしました。ランチブッフェは、セルフサービスになるので、通常のランチ営業より人件費は少なくてすみます。その分、食材費に回せるのです。そのかわりブッフェをするためには、食材のロスが出ないように、相当の客数が必要です。満席になるくらいでなければ採算はとれません。ここは、勝負のときだ、そう直感し、思い切った価格設定をしてみようと考えました。

マグロのてんこ盛と現在の店内

通常のランチの定食が700円前後でしたので、「同じくらいの価格で、食べ放題だったら絶対に喜ばれるはずだ」。そう思って700円のランチ定食を食べ放題にしました。

「お刺身食べ放題ランチブッフェ700円」

これはインパクトがありました。スタートするとすぐに口コミで話題になり、行列ができるようになりました。ランチはなんと、スタートからクローズまで、常に満席の状態が続きました。

▼テレビ取材と大行列——ビルを取り囲む行列

そんなある日、まさに運命を変える1本の電話がなったのです。

「突然すみません。○○と申しますが、たいこ茶屋さんの食べ放題ランチの取材をさせていただけないでしょうか」

ランチブッフェの噂を聞きつけて、テレビ取材をさせてほしいという依頼の電話でした。嬉しくて叫びたくなるのをなんとか抑えながら、事前打ち合わせの日程の話をして電話を切りました。

受話器をおいて思わずガッツ！　天から光が差し込んだように感じました。

初めてのテレビ取材、それは緊張でした。テレビカメラだけでなく、撮影スタッフ全員の視線が集まるのを感じる緊張感はなんともいえないものでした。ようやく緊張の撮影が終わり、いよいよ放映の日、テレビの前で祈るようにその時を待っていました。さすがに編集されるとよくまとまっていて、ホッとして、本当に嬉しくなりました。

そして、その翌日、話には聞いてはいましたが、まさかここまでとは。

「大将、外が大変なことになっています」というスタッフの声を聞いて外に出てみると、ランチの行列は予想以上の長蛇の列になり、店舗のビルの周りを行列が取り囲むほどになっていました。

「テレビの力はやはりすごいな」。最初は嬉しさでいっぱいでしたが、あまりの行列に、このままではまずいと感じるようになりました。ランチの時間に食べられない、1時間以上並ぶことが日常化。これでは、時間のある人しか食べられません。そこである時いろいろ検討して、整理券を配って回転制にしてはどうかということになりました。それなら長時間並ぶ必要がなくなります。指定時間に確実に入れるので、仕事合間のランチタイムに来店いただくことができるようになります。

こうして今でも続く1日3回転、1回転100名のランチ営業は始まりました。

お客様からも嬉しい声をたくさんいただき、整理券制は大成功でした。

マグロの大漁による値崩れをきっかけに始めたランチブッフェ。スタートしてしばらく経ってくると、マグロの価格ももとに戻りつつありました。当然、安いときの価格設定では厳しくなってきます。仕方なく、次のテレビ取材のタイミングで価格を800円にしました。それでも、十分お得な食べ放題でしたので、客数が減ることはありませんでした。

マグロの価格上昇とともにランチ価格はその後、900円、1000円、1300円と推移し、現在は1500円となっていますが、スタート当初はお刺身数種のほかは定食おかず3品おかわり自由だったのを、値上げのタイミングごとに充実させていき、今のようなメニュー豊富なブッフェになりました。

ここ数年はマグロ価格だけでなく、人件費など経費が上昇を続け薄利多売状態になってしまい、経営を圧迫していますが、みんなで色々工夫してなんとかやっています。

(2) メディアの力

▼相次ぐ取材――大箱のキャパシティ

メディアの取材というのはありがたいもので、1度どこかが取材してくれると、次から次へと取材依頼が来ました。幸い適度な間隔があいての取材でしたので、PRという意味でも効果的でした。

通常、テレビの取材が入ると、飲食店にとっては諸刃の剣となると言われているようです。放映直後から視聴者が殺到し、長蛇の列ができるようになります。急な変化は、お店のオペレーションに支障をきたしたり、常連さんが遠ざかったりします。お祭り騒ぎのような時間が過ぎて、放映直後の行列も落ち着いてくると、もとの常連さんが減ったことにより、かえって放映前より売上がおちることも多々ありました。そのため、今でも、取材お断りのお店もあるようです。

幸いなことに、たいこ茶屋は150席の大箱でしたので、テレビ放映による影響をプラスにすることができました。

▼広がる口コミ

ランチブッフェの成功により、ディナー営業も徐々に伸びてきました。毎日のじゃんけん大会のポスターも作って貼っていましたので、ランチのお客様が、今度はディナーに来てみようというかんじで、来店してくれるようになりました。

ディナー営業は、エンターテインメントたっぷりの楽しい舞台居酒屋ですから、1度来店されたお客様が、また別の友人を連れて来店いただくという好循環が生まれました。平成18年頃には、マグロ解体ショーもスタートし、さらなる評判を呼びました。

こうして、お店の売上は安定してきてようやく軌道に乗ってきました。しかし、最盛期のような状態にははるか及ばない状態でした。とはいえ、沈没せずに航海を継続することができるところまではたどり着くことができました。たいこ茶屋の損益分岐は1000万円を超えるので、繁盛しているようにみえて実は経営は厳しいという状況が、そこから長く続きます。本当にトンネルを抜け出せるまでには、さらに15年という長い長い歳月がかかりました。

2　総力戦――家族のちから

▼家族総出の大舞台

現在、たいこ茶屋は、家族経営の居酒屋として、家族総出で切り盛りしています。ホールを仕切る「女将」の妻、長女多恵子《たえこ》と次女茉梨子《まりこ》、長女の夫の「若大将」祐輔《ゆうすけ》、みんなでこの大舞台を盛り上げてくれています。

家族みんながお店を支えてくれているこの家族経営こそが「たいこ茶屋」のちからの源なのです。

「大将、僕はね、たいこ茶屋で家族みんなが支え合って頑張っている姿をみているのが好きなんだよ。なんだか嬉しい気持ちになるんだよね」

ある時、常連の方からいただいたその言葉が心に残っています。今、こうして、家族がみんな元気に一緒に働けることに感謝し、「たいこ茶屋」という大舞台でともに演じることができる楽しさと喜びを分かち合っています。

▼支えてくれたのはいつも妻

本当に今は、幸せを感じる日々を過ごさせていただいておりますが、ここまでの苦難の道程は自分ひとりでは決して乗り越えてはこられませんでした。そこには、常に妻の支えがありました。苦しいときにはともに戦ってくれる戦友であり、失敗したときには、責めるのではなく、励ましてくれる力の源であり続けてくれました。私がこうして、自分の生き方を貫いてこられたのも、妻がいてくれてこそでした。

家族集合

(1) 一歩一歩

▼妻との出会い

妻、順子との出会いは、私が28歳の頃でした。ちょうどパールホテルの料理長をしていたときのことです。巣鴨のカウンターバーで共通の友人の紹介で出会ったのが最初でした。とても知的で美しい女性だなと、ひとめで気に入ってしまいました。仕事も順調で自信もついてきていた私は、もう「いけいけどんどん」でした。なんとか会える時間を作れないか考えていました。しかし、友人以上の関係にはなかなかなれずに時間だけが過ぎていきました。

翌年、昭和52(1977)年の春のある日、初めてのデートに誘うことに成功した私は彼女を助手席に乗せてドライブしていました。突然、ドーンと強い衝撃が走りました。追突されたのです。激しい衝撃に何事かと思いましたが次の瞬間、となりの順子は大丈夫かと横を向くと、意識はありましたが強い衝撃を受けていました。

「順子さん、大丈夫ですか」

「うん、大丈夫。でも背中が痛い」

ふたりはすぐに救急車で病院へ搬送されました。幸い大事には至りませんでしたが、彼女はむち打ちで入院することになりました。その病院はなんと職場のパールホテルの目の前の田島病院だったのです。幸い入院せずにすんだ私は、仕事の合間にお見舞いにいったり、若い衆に毎日料理を持参させたり、怪我をさせてしまったのですからできるだけのことをしました。すると、災い転じて福となすとはこういうことでしょうか、だんだん彼女との距離感が縮まってきたのです。

退院してしばらくして、私とつきあうと言ってくれたのです。もう天にも登る気持ちでした。やはり男は「押し」だと、その時、思ったものでした。

その年の秋、11月20日に赤坂の日枝神社で結婚式を挙げ、夫婦となることができました。男として最高の瞬間でした。新居も千葉県八千代市に構え、充実した新しい生活をスタートさせました。29歳の輝く日々でした。仕事もパールホテル料理長・総料理長と順調にステップアップしていきました。

▼独立開業と長女の誕生

昭和57（1982）年の6月、独立開業の話になったとき、妻は快く背中を押してくれました。

その時、妻のおなかには長女の多恵子がいました。10月が予定日でしたが、妻は出産に備えて大事をとって2月頃から長期入院していました。

そのような状況で、さらに総料理長として安定した仕事に就いていたところからの独立の話ですから、不安になって反対されても不思議ではありませんでした。意を決して「順子、実は、浅草橋にいい物件があって、独立開業してみないかという話がある。自分はやってみたいと思っている。どうだろうか」と切り出すと、「あなたならできるわ。がんばってね」。そう賛成してくれた時は、「事業を成功させて早く安心させよう」。強く決意しました。私は事業の成功こそ家族を守ることと思い、がむしゃらに突き進んでいきました。

開業までにはいろいろ苦労もありましたが、日に日に大きくなるおなかを見ては、明日もがんばろう、そう自分を奮い立たせていました。

妻の入院中は、宮崎の妻の実家から義母が上京して身の回りの世話をしてくれましたので本当に助かりました。

いよいよたいこ茶屋のオープンの日が来ました。昭和57年10月4日、どうにかオープン予定日に間に合わせて開業できましたが、慣れない現場で皆てんてこ舞いでした。猫の手も借りたいほどの状況で、困り果てた私は、とうとう、陣痛が始まっていた妻に付き添う義母にまでお店の手伝いをしてもらったのです。今思えば、本当に申し訳ないことをしました。

陣痛が始まって一番不安で、一番身近にいてほしいときに、母親をお店に連れていってしまったのですから、ひどい夫です。「本来なら自分がそばにいるべきときにいれなくて申し訳ないです。私に代わってお母様すみませんが順子をよろしくお願いします」というべき立場だったでしょう。当時の私は、お店をなんとか回すことで頭がいっぱいになって、それすら思い浮かばない有様でした。

10月7日、無事に多恵子が産まれました。母子ともに健康でいてくれて、本当に嬉しかったです。出産後は無事に1週間ほどで退院することができました。義母は出産後も1年ほど八千代の自宅で面倒をみてくれましたので、私は仕事に集中することができました。

お店の誕生と、娘の誕生、2つの喜びがいっぺんにやってきて幸せに満たされた私のモチベーションはますます上がりました。

▼ダメな親父——不器用な生き方

父親を2歳のときに亡くした私は、家庭における父親の記憶がありません。夫として、父親としてどうあるべきか、理想なり反面教師なり、尺度となるものがありませんでした。ただ、母が7人兄弟を育てるために本当に苦労していたのを間近でみていましたので、妻にはそんな苦労をかけたくない、自分はがむしゃらに仕事をして妻や子どもが安心して生活できるようにしたいという一心でした。

そんな私は、夫として、父親としての存在意義を仕事に見出すしかありませんでした。こうと決めたら一直線の性格ですので、仕事で成功することが家族を幸せにすることだと信じていました。そんな私は、妻からみたら、家庭を顧みない仕事人間と思えたかもしれません。独立開業してからの私は、娘も産まれて、いよいよ大黒柱としての責任を励みにして仕事に没頭していきました。幸い、たいこ茶屋はすぐに繁盛店になり、私はとても誇らしくなり、もっともっと大きくなろうと事業の拡大を目指しました。

先にも述べましたが、沖縄店は恩人の紹介でもあり、妻も賛同してくれましたが、カラオケパブや合弁会社の事業拡大のときは、反対していました。しかし一直線に前だけ見ていた私は聞く耳を持っていませんでした。

振り返ると、私の得意不得意を一番わかっていたのは妻だったんだなぁ、と思います。追い風で事業が順調のときはよかったのですが、風向きが変わり逆風になると、脆さが致命傷になり、どん底まで落ちてしまいました。

仕事を存在意義と思っていた私には、仕事の失敗は、自分自身を全否定されるのと同じでした。男として一番怖いのは、自分に自信を失うことです。自分を信じられなくなると、前に進めなくなってしまいます。家庭より仕事優先だった私は、仕事で成功することが家族を幸せにすることと思って突っ走ってきたので、これ以上つらいことはないように感じていました。

深い井戸の底に落とされて、真っ暗ななか、光が指す上を見上げてみえたもの。それは家族だったのです。

こんな状態になっても、責めることもせず、一緒に向き合ってくれる妻の姿にどれだけ救われたことでしょう。ふと、自分の大切なものが見えなくなっていたことに気づきました。日常の生活の中に、自分の愛する家族がいて、一緒にお店を切り盛りしている。そんな日常がとても幸せで、自分の本当に守るべきものなのだと心に染み渡りました。

それは今まで、外に向かっていた私の目が、内に向く転機となりました。一国一城の主として、本丸のたいこ茶屋を守り、家族みんなで一致団結してこの難局を乗り切ろう。そう決意し、私はスーツを脱ぎ、再び料理人としてたいこ茶屋を守ることに専念しました。

なにもお店の数を増やすことが全てではない。1店舗のなかで、やれることを増やしていけばいい。そう思うようになりました。

▼二人三脚――言葉にできない感謝

どん底で、大切なものに気づくことができた私は、今では本当に幸せな毎日を過ごすことができています。妻と二人の娘とその伴侶、かわいい孫たちに囲まれて、自分の信じる生き方を全うできています。

それもすべて、ともに歩んできてくれた妻が、どんなときも私を信じ、支えてきてくれたおかげです。たくさんの苦労をかけてしまいました。身勝手なことを言って寂しい思いをさせてきたこともたくさんありました。

家のことはすべて妻に任せっぱなしで、妻が大変なときに寄り添ってあげることもしてきませんでした。それでも妻はぐち一つ言わずについてきてくれました。

私が思う存分に戦えるようにいつも自分は二の次でがまんしてきてくれました。今の自分があるのもすべて妻がいてくれたおかげです。

こんなことを面と向かって言えない私は、こういう形でしか伝えられませんでしたが、妻には感謝しかありません。順子、本当にいつもありがとう。あなたとともに歩んでこられて本当に幸せです。

(2) 受け継ぐもの――娘たちの成長と意識

▼ふたりの娘――長女(多恵子)と次女(茉梨子《まりこ》)

昭和59(1984)年、長女多恵子と2つ離れて次女茉梨子が誕生しました。二人のかわいい娘を授かり、いつも仕事から帰って娘たちを見ながら晩酌をするのがとても楽しみでした。

長女の多恵子は中学2年生の夏休みに、お店を手伝ってくれるようになりました。

私は、お店では真剣勝負の厳しい料理人の顔でしたから、家でのやさしい父親の印象とは違って、お店でスタッフに怒ってばかりの私の姿に、ずいぶんびっくりさせてしまったようです。ちょうど売上も落ち始めていた時期ですから余計にピリピリしていたかもしれません。

多恵子は中学受験をして、中高一貫の私立校に通っていました。高校受験もなかったので、夏休みはいつもお店の手伝いをしてくれました。高校を卒業して、1年くらい経って、たいこ茶屋でアルバイトとして働くようになりました。20歳のときに、正社員として働くと言ってくれた時は感無量でした。

10年ほど前（2008年）、私が60歳になったとき、多恵子も結婚していましたので、ひとつの区切りにしようと思い、経営を多恵子夫婦に任せることにしました。

今では立派な経営者として、多くの責任を背負いながら、頑張ってくれています。とてもうれしく思うのは、私が大切にして生きてきた、「人を想うこころ」、「人のために尽くす姿勢」、「人は鏡」ということを、彼らが経営者としても実践してくれているところです。

▼長女夫妻とは

たいこ茶屋には「若大将」と「青大将」というふたりの看板番頭がいます。

実はこのふたり、二卵性のふたごなのです。二卵性だけど一卵性のようにうりふたつ。同じ格好をすれば最初は見分けがつかないほど似ています。

「青大将」浩太郎は2019年8月の「双子祭り」イベントをもって、たいこ茶屋を卒業。「マグロの解体師」として起業して新たな挑戦の道を歩み始めました。双子の弟をなんとか手伝ってやりたいという思いで働き始め、長く貢献してくれました。いろんな困難を抱えた彼ですが、絶対に彼なら成功できる。そう信じて応援しています。

「若大将」の名は、井上祐輔。19歳のときに、アルバイトで働き始めたのがきっかけでした。20歳になり就職を考えるようになり、たいこ茶屋で社員として働いてくれることになりました。以来、持ち前のガッツと人当たりのよい気さくさと面倒見のよさで、お店の屋台骨として頑張ってくれています。正社員になった時、厨房は昔ながらの料理人の先輩が多かったので、フルタイムは相当厳しかったらしく、3日で辞めたいと漏らしていたほどでしたから、本当に厳しかったのでしょう。今では考えられないくらい成長して、安心して任せていられます。

実は、多恵子とはおさななじみ。アルバイトを始めるときも、多恵子が声をかけたのです。

筋の良い番頭と、長女、ふたりが夫婦になって跡を継いでくれたら安心して任せられるなんて夢のようなこと、考えも付きませんでした。結婚したいという話を聞いた時は、父親として娘が嫁ぐ寂しさもありましたが、誰でもない、若大将が嫁としてもらってくれて二人で跡を継いでくれるなら、こんなに嬉しいことはありません。

という私の記憶に娘の多恵子は

「何言ってるのお父さん。結婚しろって言い出したのはお父さんじゃない（笑）」

「そうだっけか」

「そうよ。お父さん私に『おまえたちは長く付き合っているけれど、この先どうするつもりなんだ。その気があるなら早く結婚しなさい。長すぎる春はよくないぞ』って言ったのよ。私、『え、結婚してもいいんだ』って内心思ったのよ。それで彼と話して、お父さんに結婚させてくださいって挨拶したのよ」

まったく覚えていません。どうやらそういうことのようです。こうして多恵子24歳のときに二人は結婚しました。結婚式は1回で招待客がおさまらずに2回挙げました。

今では、ふたりの子どもにも恵まれて、私は「おじいちゃん」になりました。

孫は本当に可愛いですね。目に入れても痛くないとはこういうことを言うのだと実感しました。

▼次女のデビュー

次女の茉梨子は、まさに看板娘としてお店の花となってくれています。

ほかの飲食店で勤めてから、23歳頃、「たいこ茶屋」で働いてくれるようになりました。あれから早いもので12年が経ちます。今では、娘と優しい伴侶とともに幸せな家庭を築いていています。お店では、ここ数年、じゃんけん大会もやってくれるようになり、2019年にはマグロの解体ショーもデビューしました。デビューイベントでは、予定より大きなマグロを仕入れてしまい苦労しながらもなんとか解体できました。ほっとひと安心です。最初は大丈夫かなと心配でしたが、今では週1回、解体ショーを担当していて、もう安心して見ていられます。

大きなマグロといえば、長女多恵子のマグロ解体ショーデビューは前年2018年の、私の古希のお祝いイベントでした。まず私が60キロの大きなマグロを捌いて、そのあとで多恵子が30キロを捌く段取りでした。多恵子はデビューのために何度も30キロマグロで練習していました。いざ、私の番、カシラに包丁を入れてからハッとしました。

「こ、これは違う！」

思わずワイヤレスマイクをつけたまま叫んでしまいました。私が包丁を入れたのは多恵子用の30キロのマグロだったのです。一瞬動揺して止まってしまいました。多恵子には練習したことのない60キロマグロしかありません。しかし、もう包丁が入っていて、ここでやめるわけにはいきません。どうしようもないので私はそのまま捌きました。

さあ、大変なのは多恵子です。30キロと60キロでは単に大きさの違いだけではないのです。必要な力が相当違います。大丈夫だろうか。ハラハラして見ていると、なんとか捌きりました。

「よかった。よかった」

そんなハラハラを経験した翌年の茉梨子デビューでのマグロの大きさ違い。娘たちからはなんでこうなると怒られましたが、それでもやりきってしまう頼もしさを感じていました。

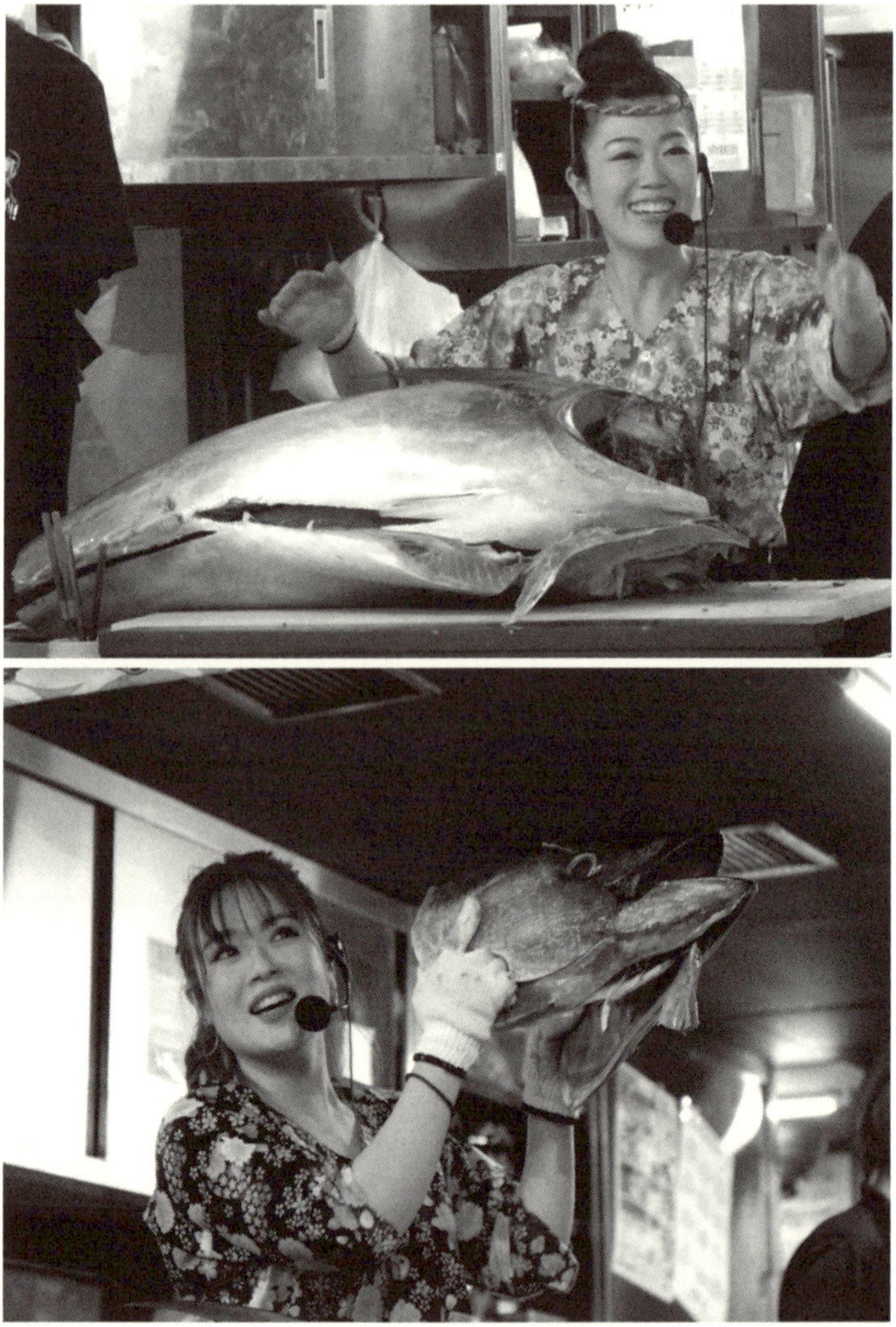

多恵子（上）、茉梨子（下）によるマグロ解体ショー

▼娘の言葉にただ涙する――父の背中・母の背中

家業を営む父親にとって、娘がその家業を継いでくれる。それは、この上ない喜びだと思います。子どもたちは、私の背中をみて育ってきました。夫としての私、父親としての私、経営者としての私、もしかしたらそのどれかひとつでも受け入れられないものがあったら、家業を継ぐという気持ちは起きないかもしれません。娘ならなおさらでしょう。

私は、経営者としては、大きな失敗もしましたし、夫として、父親として、とても合格点とは思えません。それでも、娘たちは家業をともに歩んでくれています。ですから、余計に、娘たちがたいこ茶屋を継いでくれることは嬉しい気持ちになりました。よくこんな私についてきてくれるなと思っていたくらいです。

ある日、妻になり、母親になった多恵子が私に言いました。

「お父さん、私が、お父さんを尊敬し、一緒に働き、跡を継ごうと思ったのはね、きっと、私が小さい頃からずっと、お母さんが、お父さんのことを悪く言ったことがただの一度もなかったからだと思うんだ。だから、娘として、純粋に大好きで尊敬できるお父さんの仕事を手伝うことは当たり前だったし、嬉しいことだったんだよ。結婚して、母親になった今だからわかる。お母さんがそうしてくれていたんだね」

私は多恵子の言葉に涙が止まりませんでした。

ああ、私はなんという果報者でしょう。

妻は、娘たちを産んで育ててくれただけではありませんでした。

妻もまた、「妻」の背中、「母親」の背中、「経営者の妻」の背中を娘たちに見せ続けて歩んできてくれたのです。

その姿を、娘たちもまた受け継いで、自分の子どもたちに見せていくことでしょう。

なんという愛でしょうか。

娘の言葉から、きちんと妻のメッセージが伝わっているのだとわかり本当に嬉しかったです。そして同時に、それがどれほど偉大な母親の背中なのか、娘が自分も親になって初めてそのことに気づき、理解しているということを知りました。私は娘を通して、妻がしてきてくれたことの素晴らしさをこうして知ることができました。

私は、常々、まずは自分が人のためになることをするという信条で生きてきました。人に与えれば、巡り巡って自分に戻ってくる。なんだか、戻ってきているものが多すぎるような気がするほどの幸せを、妻は私に感じさせてくれるのです。

だから私は、もっともっと人のために歩んでいかないといけないと思っているのです。

3　感謝の道——恩返しの被災地支援

▼マグロの解体ショーを被災地で

２０１１年3月11日、東日本大震災が発生しました。ちょうどランチ営業とディナー営業の間の時間でした。浅草橋もかなり揺れましたが、大きな被害はありませんでした。

「仙台もかなりひどい揺れみたいだ」

そう聞いてテレビをつけてみると目に飛び込んできたのは大津波の映像でした。

「なんだ、これは」

テレビの前で呆然としました。故郷若林区は大丈夫だろうか。地元の家族や、仲間は大丈夫だろうか。電話もつながりません。入ってくるのは悲惨な情報ばかり。心配ばかりが膨らみます。あとでわかりましたが、私が育った仙台市若林区も10メートルの津波が押し寄せ、海に近いエリアの懐かしい町並みは跡形もなく流されてしまいました。

当たり一面瓦礫の山、行方のわからない家族を探す人々、避難所で心細そうに暖を取っている人々、自分の故郷の惨状をテレビで目の当たりにした私は居ても立っても居られない気持ちになっていきました。自分になにかできることはないだろうか。日に日にその想いは強くなっていきました。

そんなある日、仲良い常連客のひとり、三ツ《みつ》木《ぎ》秀之《ひでゆき》さんが私に「大将、出番だよ！」そう言って背中を押してくれたのです。

「大恩ある故郷に恩返しをするのは今だ！」

お店のお客のひとりに河北新報東京支社の記者をしている方がいらっしゃいましたので、彼に相談しました。

「実は、故郷仙台の惨状をみて、自分もなにかできることはないか考えたのです。被災地で苦しんでいる人に少しでも喜んでもらえたらと思っています。お店でも人気のある『マグロの解体ショー』を開催してマグロの刺し身をみなさんに振る舞えたらと思うのだがどうだろうか」

彼は目を丸くして、「大将、それは絶対に喜ばれます。ぜひ実現してください。僕が記事にします」

彼は、早速そのことを記事にしてくださいました。すると被災地から問い合わせが続々と入り、まず塩釜の桂島と南三陸町に行くことが決まりました。背中を押してくれた三ツ木さんも一緒に行ってくださることになりました。

現地では、仙台市の国分町で「魚《と》とや」を経営している、パールホテル時代の愛弟子の佐野健二さんが、自分の弟子3人とともに車の用意から機材準備までしてくれ、一緒にお刺身を振る舞ってくれることになりました。本当に助かりました。

▼塩釜の桂島

震災から1カ月半がすぎた4月24日、午前、午後と二箇所でクロマグロの解体ショーを披露しました。

現地に到着すると目に飛び込んできたのは、テレビで見ていたよりはるかに悲惨な光景でした。当たり一面瓦礫の山。テレビでは伝わらないニオイ。実際に来て、見てみないとわからないことがたくさんありました。

桂島には船で渡りました。桂島は宮城県浦戸諸島のひとつ。人口140人ほどの島です。約100軒のうち、高台と本土側にある家を除き、半数の50軒ほどが全壊だったそうです。

被災地にて

こうした桂島など浦戸諸島の２６０ほどある大小の島々が天然の防波堤の役割となり、対岸の街を石巻や陸前高田のような大津波から守ってくれたのだそうです。

桂島では島民のほとんどがチリ津波を体験していて、その苦い教訓を活かし、犠牲者はゼロだったそうですが、多くの人が避難所での生活を強いられていました。30人を超える島の方々が港まで迎えに来てくださっていました。そこから瓦礫の山を通り、避難所として使用していた旧浦戸第二小学校に到着し、体育館で１００名を超える皆様の歓迎と興味津々の眼差しのなか、解体ショーを始めます。

威勢よく捌いていきます。子どもたちからお年寄りまで、笑顔で見てくれています。なんだか私のほうが勇気づけられる気持ちになりました。無事に解体し、刺し身にして配っていきます。美味しいマグロを食べていただき、たいこ茶屋名物の「マグロのスジトロ煮込み」の炊き出しも行ないました。

当時、避難所での食事は缶詰などの保存食ばかりだったそうで、新鮮なマグロに喜び、泣きながら食べる人もいました。海で育った人々が新鮮な魚を口にできない辛さを目の当たりにし胸が痛みました。その姿を見て「これは、１回で終わらせてはいけないな！」と思いました。

▼南三陸町へ、そして現在も

島の皆様の温かい声に見送られて桂島をあとにしました。帰り際、桂島の皆様がなんと、午後に行く南三陸町の皆様にあてて、大きな布にひとりひとり応援メッセージを書いて託してくれました。

「共にがんばっぺ！」

お互いに励まし、ともにこの苦難を乗り切ろうというメッセージがたくさん書いてありました。南三陸町の皆様にお渡しすると、壁に掲げて本当に喜ばれていました。南三陸町は大津波で家屋の60％近くが全壊という甚大な被害を受けた街のひとつで、亡くなられた方が６２０名、行方不明の方が２１１名（南三陸町発表数値）にも及びました。大津波は３階建て小学校の屋上にまで達し、街を流れる志津川を逆流して街の奥まで到達しました。

解体ショーは海に近い袖浜生活センターで開催しました。会場に向かう途中、南三陸町の変わり果てた姿を見て呆然としていました。会場に到着し、被災者の皆様の頑張っている姿をみただけで熱い感情がこみ上げてきました。自分のできることをさせていただこう、ガッツ！を届けよう。その思いでいっぱいになりました。

こうしてその日2回目のマグロ解体ショーを行ない、マグロのお刺身とスジトロ煮込みをふるまいました。まだ電気も復旧していなかったので40日ぶりの生のお刺身だったそうです。多くの笑顔と感謝の言葉をいただき帰途につく頃には、厳しいお店の経営が、なんだかとてもちっぽけなことのようにさえ思えました。ここの人たちの苦労とつらい心情を思えば、自分の苦しみなんてとるに足らないものだ。まだまだ頑張れる。むしろ勇気をいただいたのは私の方でした。こうして私のライフワークはスタートしたのです。

その後、5月には岩沼市玉浦公民館、6月には石巻ビッグバンと続けていきました。その年は10月、12月にも実施しました。以後、毎年数回訪問していきました。

そして、東北だけでなく、震災などで被災された地域も訪問することにして、2016年には熊本県南阿蘇でも開催させていただきました。2019年には11月に第80回を宮城県岩沼市で開催いたします。

▼やると決めたものはやる

たいこ茶屋では、毎日開催されます「大じゃんけん大会」のあとに、必ず、被災地の方々に元気と被災地の一日も早い復興を祈念し、「ガッツ八段締め」を行なっております。このガッツ八段締めは、ガッツ！を8回コールいたします。八の字は開きます。そして数字の8の字を横にしますと無限大となります。「無限大に開きに行く」という意味合いです。

こうしていつも大勢のお客様と一緒に被災地を応援するようになったのです。

私が言い出したマグロの解体ショー、実現するのは「それはいい、すぐやろう！」と言えるほど簡単なことではありませんでした。

この被災地支援のマグロ解体ショー、1回にかかる費用はマグロの購入費用、交通費などもろもろで約60万円。毎回自己負担です。店でほぼ毎日実施しているマグロ解体ショーで行なうオークションの利益をあてています。

「被災地の人々を元気づけるために、マグロの解体ショーを避難所でやることにした」

そう最初に私が言い出した時は、家族の誰もが反対しました。

「気持ちはわかるし、とてもいいことだし、できることならやりたいとは思う。でも、うちが今それをできる状況ではないよね」

そう言われました。それもそのはず、震災直後から全国的に自粛ムードが蔓延し、いただいていた予約はほぼすべてキャンセル、1カ月は開店休業の状態でした。

とはいえ、お店は営業しています。仕入れもすればスタッフも通常どおり働いています。

いっそ1カ月休業のほうがましな有様でした。

そもそも当時、経営はまだ厳しく、マグロの価格が年々上昇し、経営を圧迫していて、運転資金の調達に頭を悩ませていたほどでした。仕入れの支払いも遅れがちになるほどでした。そのような中での1カ月の開店休業状態は死活問題でした。2008年からお店の運営会社は多恵子夫婦が新設した会社に移していましたから、多恵子は税理士の先生と資金繰りに腐心していて、店の存続に皆が頭を悩ませているところに、私が60万以上かかる話を切り出したのですから無理もないでしょう。

しかし、一度やると決めたからにはやるのが私です。

「やると決めたものはやる」

そう言いはりました。とはいえ、さすがに無理は言えない状況。思案して、賛同してくれるお客様にカンパを募りました。TBSラジオのアナウンサーがラジオ番組で、カンパ協力PRをしてくれたりして、なんと120万円も集まりました。「これなら開催できる」。そうしてなんとか、実施することができたのです。

▼80回を超えて

あれから8年、80回も継続することができたのは、最初は反対しても、やるとなれば入念な準備をし、一緒に現地に行ってみんなで盛り上げてくれた家族のおかげです。たくさんの人に笑顔と元気を届けることができて本当にやってよかったと思っています。

第3回、石巻には、初めて家族総出で現地に向かいました。現地で大勢の方とふれあい、喜んでいただく姿をみて、我々がやっていることの大切さと、その意味を肌で感じてくれたようです。家族みんなの笑顔が物語っていました。それからは、今まで以上に、被災地支援を継続できるように、お店でも頑張ることができました。本当に、我々のほうが勇気づけられ、パワーをいただいていました。

開催にあたり、多くの方にご支援、ご協力いただきました。本当に感謝しております。これからも生涯続けていくつもりです。引き続き応援よろしくお願いいたします。

▼思わぬ結果——次々に入った取材

恩返しの思いで始めた被災地支援マグロ解体ショーは、結果として、たいこ茶屋を救うこととなりました。

被災地支援のマグロ解体ショーは河北新聞に掲載してもらったこともあり、最初の4月の開催からテレビの取材がはいったのです。ニュース番組の特集でした。現地に撮影クルーが同行し、被災地の皆様の喜んでいただいている様子が映し出されました。

すると次々に取材されるようになり翌月の訪問も現地にテレビ取材がはいりました。そして、たいこ茶屋で開催されるマグロの解体ショーのオークションの利益を被災地支援の資金としているということまで放映されました。放映後から続々とお客さんが押し寄せたのです。

当時、一般的にテレビなどでも被災地支援義援金の募集はしていましたが、もっとリアルに支援したいけど、どうしたらいいかわからないと思っている人がとても多かったようです。そこで、たいこ茶屋に行って、マグロのオークションで支援金として寄付しようと思い、来店される方で連日ごった返しました。オークションでは、通常なら数千円で落札するものが、数万円で落札されていきました。こうして、被災地支援の継続費用の確保だけでなく、震災後の自粛ムードで瀕死の状態だったところからの連日の大入りによって、たいこ茶屋は息を吹き返したのです。

自転車操業状態だった危機的状況は徐々に改善されていきました。こうなると、「私達も現地に行って肌で感じてこよう」という気持ちが娘たちにも起こったようで、「6月の石巻は私達も行く」と言ってくれて、とても嬉しかったのを覚えています。今ではたいこ茶屋の代名詞のひとつとして、欠かせないものとなった被災地支援マグロ解体ショー。そしてこの被災地支援活動をするたびに、「まず、人のために動くこと。人は鏡である」ということを私達に思い出させてくれるのです。

▼「半沢直樹」景気

2011年、震災直後の危機から、奇跡的な回復を遂げた、たいこ茶屋の経営は、低空飛行ではありますが安定させることができるようになりました。被災地支援も継続して実施していた2013年、さらに大きな果報がやってきました。

社会現象にもなったドラマ「半沢直樹」のロケ現場になったのです。それもひょんなことからなのです。制作のアシスタントディレクターさんが、ロケの可能なお店を探して歩いていました。昼でも夜の雰囲気が出せる地下、撮影機材を置ける広さ、重い機材を運搬できるエレベーター。この条件をたいこ茶屋は満たしていました。

そのアシスタントディレクターさんがふらっと来店されたのは19時頃でした。お店はちょうどマグロの解体ショーが始まる時間です。「今は忙しいから話をするのは無理です」となったところ、ちょうどお店に戻ってきた長女多恵子が話を伺うことができました。そして撮影協力をすることにして、なんとか撮影日を調整して作り出しました。

予約のお客様に日程変更していただいてまで作った予定日は、なんと出演者都合でキャンセルに。でも、代わりに別の日程で使っていただいたシーンは、当初予定のシーンよりはるかに注目される、第6話のクライマックスシーンでした。

すると放映日の8月25日から、ロケ地ということで、撮影場所を見に大勢のお客様が来店されました。1カ月もすると、なんと半沢直樹ロケ地特集といってテレビ取材まで入り、お店はオープンから満席という状態が連日続きました。

時流に乗る私は、ここぞとばかりに、「半沢席」を設けたり、「半沢メニュー」を作ったり、ロケ地めぐりで来店されるお客様に喜んでもらえる仕掛けを考えました。最終回放映日は、定休の日曜夜でしたが、大画面を置いて、みんなで半沢直樹最終回をパブリックビューイングで観ようというイベントを開催。超満員となりました。まるで毎日が忘年会シーズンのような繁盛ぶりでした。

その年の決算、多恵子が「初めてこんなに利益が出た」と涙目で喜んでいるのを見て、喜びとともに、苦労をかけさせてしまっていたなという申し訳ない気持ちとで複雑な思いでした。この「半沢景気」をきっかけにしてお店はどんどん繁盛していきました。ようやく昔、繁盛していた頃の賑わいが戻ってきました。

お店の誰もが、この盛り上がりを無駄にしたくないと、一生懸命頑張ってくれました。ひとりひとりのお客様が楽しんで満足していただけるように気を配り、イベントを盛り上げ、もちろん美味しい料理を提供する。どん底を味わったからこそ、日々の当たり前を感謝できるようになりました。そうして日々の努力により、たいこ茶屋はようやく今の姿へとたどり着いたのです。

そこから数年間は経営も安定し、順調な日々でした。しかし、飲食業はそれほどやさしくはありません。ここ1、2年は、売上は好調を維持しているけれども、マグロの価格上昇をはじめ、食材価格上昇、家賃値上げや、人件費上昇などで経費が上昇しているため、利益は減少して苦しい経営状況になってきているようです。経営者として非常に難しい状況ですが、みんなで力を合わせて、「家族力」で頑張っていきます。

4　自分の生き方を問う――「人は鏡」

▼「人は鏡」

私が大切にしている言葉「人は鏡」というのは、

「人にものをほどこせば我身の助けとなる」

「譬《たと》えば、人のために火をともせば、我が前あきらかなるがごとし」

「ただし、人に施して慎みて念《おも》うこと勿れ。施した恩恵は忘れよ」

という日蓮聖人の言葉が根底にあります。

まず、人のために自分ができることをすること。そしてそれは無償の行ないであること。

そうすれば、やがてそれは自分のもとに戻ってくる。

人に親切にすれば、人に親切にされる。人を傷つければ、人に傷つけられる。みな因果応報なのだから、自分が幸せになりたかったら、人を幸せにするように生きること。

私は「人は鏡」、人のために尽くして生きていこうと決めてここまできました。多くの困難が立ちふさがるたびに、思いもよらぬ助けを受けて前に進むことができました。これもみな、私の生き方の報いなのかなと思って感謝するとともに、ますます人のために尽くしていこうと生きてきました。

▼感謝の道

思い返せば、ピンチの時はいつも誰かの救いの手がありました。

板前修業に導いてくださった仙台かき徳の千葉哲雄社長、門前払いされて帰るところだった私に声がけくださらなければ、板前の道に進めたかどうかわかりません。

板前修業の道筋をつけていただき、一人前にしていただいた金子正市親方、親方のご紹介で華々しい舞台で修業させていただきました。パールホテルで親方が背中を押してくださらなかったら料理長を引き受けられたかわかりません。料理人としての今の私があるのは、親方のおかげです。

宮城工サッカー部副主将佐藤範昭君、大親友の君が、修業時代、私が病気療養中のときに、見舞いに来てくれて、使えと渡してくれた大金は、働けなくなって床に臥せっていた私をどれだけ勇気づけてくれたでしょうか。何より、心細く不安に押しつぶされそうな孤独のなかで、ひとりじゃないのだと思えることができたのは、君が来てくれたおかげです。

独立開業の際、担保がなくて銀行融資が受けられなかった際、自宅を担保に提供してくださったお二人。園鉄彦さん、もうお一人はご家族に内緒にしてまで提供いただいたので、お名前を出せないのですが、お二人の協力なくして、たいこ茶屋出店はありませんでした。他人のために自宅を担保にするということはもう、リスクしかないのですから、「他人のために自分ができることをする」をまさに私がしていただいたのでした。ここまで人はできるものなのかという「深さ」を学ばせていただきました。

そして、宮城工サッカー部ＯＢ会の皆様、私が事業に失敗しても、なにひとつ変わることなく励まし、再起費用まで出資してくださいました。つらいことがあると、皆様の顔を思い出し、信じて応援してくれた想いを裏切るまいと、歯を食いしばって乗り越えることができました。

東北震災直後、被災地へマグロの解体ショーをやりたいと思った私の背中を押してくださった三ツ木秀之さん、あの時、三ツ木さんが「大将、出番だよ！」と言ってくださらなかったら、今の私も、たいこ茶屋もありませんでした。一緒に被災地に行っていただき、共に見た、大勢の方の笑顔、私の「やるべきこと」が見えた瞬間でした。

▼自分にできること

こうして、お名前をあげていくとまだまだ大勢の方の顔が浮かんできます。本当にたくさんの、信じられないような助けをいただいて、ここまでやってくることができました。

自分は生かされているのだなと、あらためて感じております。だからこそ、私は、自分の使命として、「人は鏡」であるという生き方をすれば、幾多の困難も乗り越えていけるということを多くの人に知ってほしいと思っております。私自身、大勢の方からいただいたものの方が、自分がこれまで、人のためにしてきたことよりもずっと大きいと思っておりますので、もっともっと人のためになることをしなさいということだと肝に銘じて日々を過ごしております。

▼恩返しは未来へ——家族力

そして、私のこの幸せな人生を送らせていただいていることへの恩返しは、未来への恩返しであると思っています。私や妻・順子の生き方を通して、娘たちがまた次の世代へと、語り継いでくれる、そのような生き方をしていきます。

私達家族が、さまざまな苦難を乗り越えて、皆で協力し、家業を営んでいる姿を、多くの方に観ていただきたいと思っております。日々、感謝をしながら、一生懸命、一日一日を生きている、このたいこ茶屋はまさにその舞台なのです。

２０１１年の東北の震災で、被災された方は多くの家族や友人を失いました。東北以外の地域でも、震災をきっかけに「絆」の大切さを皆が思い出しました。命に関わる危機を目の当たりにしたときに、「今、本当に自分にとって大切なものはなんだろうか」。そう考えるきっかけになりました。そして本当に大切なもの、それは愛する家族であると皆が気づいたのでした。

家族が、ときにぶつかり合いながらも、お互いを支え合い、愛し合い一生懸命生きている姿は、日本人のＤＮＡが欲している根源的なものなのだと思います。

しかし、昔、日本に当たり前にあった家族の団らんはもはや失われつつありました。

私は、常連の方がおっしゃった
「大将、僕はね、たいこ茶屋で家族みんなが支え合って頑張っている姿をみているのが好きなんだよ。なんだか嬉しい気持ちになるんだよね」

という言葉を思い出し、

「今の日本人が欲している、失われつつある家族の形をこのたいこ茶屋に見出していただいているのだな」

そう思ったのです。

この家族がひとつになって物事を成し遂げる力、「家族力」こそが、たいこ茶屋の強みであり、大切にしているものです。

それは一朝一夕にできるものでなく、日々の積み重ねの中に宿る「力」なのだと、私は愛する家族に感謝しています。

ここまでの道のりは決して平坦ではありませんでした。

山あり谷あり、波瀾万丈な人生だったと思います。ただひとつ言えることは、どれひとつ、無駄なことはありませんでした。振り返ってみれば、どんな苦難も、意味のあることでした。そう思えるからこそ、これから訪れる毎日に感謝しながら歩んでいくのです。

娘たちにもこれからさまざまな苦難のときがあるかもしれません。その時には、私の人生を思い出して、その苦難さえも感謝して乗り越えていってほしいと願っています。

そしてその姿をまた、次の世代へと引き継いでくれると信じています。

私たち家族が一生懸命に生きているこの生き様を通して、ひとりでも多くの方に「ガッツ！」が届けられたら、こんなに嬉しいことはありません。

「今日も元気に頑張っていきましょう！　ガッツ！」

構成者あとがき

「奇跡の居酒屋」

その物語は、結婚して仕事人間の夫を、信じて辛抱強く、北風になることなく太陽であり続けた妻が、手にした奇跡の物語でもあるのです。

苦難の道をともに歩み、諦めなかった妻に、とうとう報われる転機は訪れました。

夫はそれまでの自分を反省し、家族の大切さに気づき、家族の力で自分が戦えることの幸せを感じるようになりました。

「家族の笑顔が自分の真の幸せ」となる。妻がなかば諦めていたものは、最悪の苦難とともに最高の喜びとなり、舞い降りることとなりました。

かくして、家族はひとつの岩となりました。その揺るがない絆は、そこに集う人々の心の拠り所となりました。

人々は、今や失われつつある日本の家族の本当の「あり方」を、彼ら家族に見出し、癒やされ勇気づけられるようになりました。

その家族が作り上げる舞台は、日本の家族の象徴であり、忘れてはならない大切なものを観客に思い起こさせてくれるのです。

今日もまた、疲れ傷ついた身体を休め、ふたたび荒波に向かう人々に癒やしと勇気を与えてくれるのです。

この本は、夫の自叙伝でありながら、夫の感謝の言葉であり、夫婦の愛の証です。

人に感謝し、人のために生きる夫の生き方と、それを支えた妻の愛の物語なのです。

ひとりでも多くの方に、嵯峨完大将とご家族が築いた「家族力」を観ていただけたら幸いです。

桑原篤志

[著者紹介]
嵯峨完（さが・みつる）
1948年宮城県仙台市生まれ。宮城工高卒業後、板前修業のため上京。両国パールホテル総料理長を経て独立。波瀾万丈の店舗経営を経験し、現在も行列ができる繁盛店「おさかな本舗　たいこ茶屋」を経営する。お刺身食べ放題のランチ、マグロ解体ショー、じゃんけん大会、「ガッツおじさん」の活動、その独創に富んだアイデアは高く評価され、マスコミの露出も多い。レインボータウンFM「ヒアタルシアタル」にレギュラー出演中。
「おさかな本舗　たいこ茶屋」http://www.taikochaya.jp/
東京都中央区日本橋馬喰町２－３－２　セントピアビルＢ１
電話 03-3639-8670

装丁………長久雅行
DTP 制作………REN
編集協力………田中はるか

奇跡の居酒屋 たいこ茶屋
危機を乗り切る「家族力」

発行日❖2019年10月31日　初版第1刷

著者
嵯峨完

構成
桑原篤志

発行者
杉山尚次

発行所
株式会社言視舎
東京都千代田区富士見 2-2-2　〒102-0071
電話 03-3234-5997　FAX 03-3234-5957
https://www.s-pn.jp/

印刷・製本
中央精版印刷（株）

ISBN978-4-86565-161-4 C0036

言視舎刊行の関連書

978-4-905369-17-2

吉祥寺　横丁の逆襲
“街遊び”が10倍楽しくなる本

街の薀蓄満載! 徹底取材を経て、ファッション誌、ガイドブックにはまず載らない、街の濃い歴史、キーパーソンの物語を満載、独特の都市論を展開。本物の名店を紹介。懐かしい写真・地図も多数収録する。

桑原才介 著　　四六判並製　定価 1400 円+税

978-4-86565-158-4

麻布十番　街角物語
街に刻まれた歴史秘話

「まつり」に来客40万人…なぜこの街に惹かれるのか?一時は時代遅れになったこの商店街はどのように魅力ある街として生き続けているのか。地形、歴史、居心地、路地の裏、消えた街の痕跡まで、徹底してその魅力を探索する。

辻堂真理 著　　四六判並製　定価 1700 円+税

978-4-86565-162-1

増補改訂版
蒲田の逆襲
多国籍・多文化を地でいく
カオスなまちの魅力

都会でもない田舎でもない、多様性に満ち、東京でも比類のない多国籍で多文化なまち蒲田。「汚い」「危ない」「騒がしい」なんて、もう言わせません! 2020年に向けて、新情報を増補。ダイバーシティは蒲田を見習うべし。

田中攝 著　　四六判並製　定価 1500 円+税

978-4-86565-134-8

増補改訂版
リクルートの伝道師《エヴァンジェリスト》が説く 図解 外食マーケティングの極意
“街遊び”が10倍楽しくなる本

外食産業の課題と未来がわかる。流行を追うだけではわからない「変化」の本質は、業界初「大規模消費者調査・データ」からみえてくる。「街×ターゲット×シーン」マーケティングにより、「外食する人びと」11タイプ、「一人十色」等、即効性のツールを提供。

竹田クニ 著　　A5判並製　定価 1800 円+税

978-4-905369-63-9

モアイの絆
チリ・イースター島から南三陸町への贈り物

東日本大震災で壊滅的な被害を受けた東北地方の小さな港町と南太平洋の絶海の孤島をむすぶ前代未聞の大プロジェクト、そこには人々のどんな思いがこめられていたのか? 感動を呼ぶドキュメント。

モアイプロジェクト実行委員会 編　　四六判上製　定価 1700 円+税